Helmuth von Moltke

**Graf Moltke's Briefe aus Russland**

Helmuth von Moltke

**Graf Moltke´s Briefe aus Russland**

ISBN/EAN: 9783742890801

Hergestellt in Europa, USA, Kanada, Australien, Japan

Cover: Foto ©ninafisch / pixelio.de

Manufactured and distributed by brebook publishing software (www.brebook.com)

Helmuth von Moltke

**Graf Moltke´s Briefe aus Russland**

Graf Moltke's

Briefe aus Rußland.

Feldmarschall

# Graf Moltke's
# Briefe aus Rußland.

Zweite Auflage.

Berlin.
Verlag von Gebrüder Paetel.
1877.

## Zur erſten Auflage.

s war im Auguſt und September 1856, als Graf, derzeit noch Freiherr von Moltke, in ſeiner Eigenſchaft als General und erſter perſönlicher Adjutant des damaligen Prinzen Friedrich Wilhelm, jetzigen Kronprinzen von Preußen und des Deutſchen Reichs, mit dieſem ſeinem erlauchten Herrn die Fahrt zur Krönung des Kaiſers Alexander II. nach St. Petersburg und Moskau machte und von dort aus ſeine Beobachtungen und Erlebniſſe einer ihm nahe verwandten Dame zu Kopenhagen in Form von Tagebuchblättern mittheilte, welche den Inhalt dieſer Briefe bilden. — Aus dem Beſitz der Empfängerin ſind ſie

nachmals durch eine, bis jetzt noch nicht ganz
aufgeklärte Indiscretion in den Besitz der Kopen-
hagener Zeitung „Dagens Nyheder" übergegangen,
welche sie vor Jahren in dänischer Uebersetzung
veröffentlicht hat. —

Sie sind in Dänemark damals mit großem
Interesse gelesen worden, merkwürdigerweise jedoch niemals zur Kenntniß deutscher Leser gekommen, bis zu dem Augenblick, wo die Re-
daction der „Deutschen Rundschau" eine Rück-
übersetzung in's Deutsche empfing und diese hoch-
interessanten Briefe in ihrem Februarhefte 1877
veröffentlichte. —

Was die Briefe selber betrifft, so sind sie
freilich von einer vorwiegend persönlichen Natur,
was indessen ihren Reiz nur erhöht: Sie schildern
im Wesentlichen die Krönung des Kaisers von
Rußland und die sie begleitenden Feierlichkeiten
und Feste, bei denen sich des Reiches höchster
Pomp entfaltete. Doch sie beschränken sich nicht
darauf; überall werfen sie in die damaligen Zu-
stände, die zum großen Theil noch die heutigen
sind, in das öffentliche und Familien-, das
geistige und sociale Leben des russischen Volkes

überraschende Blicke. — Manches hat sich allerdings seitdem durch Kaiser Alexander's II. hochherzige Reformen geändert; allein der Charakter des Landes und der Nation ist derselbe geblieben, und außerdem liegt die Zeit der Abfassung dieser Tagebuchblätter noch so nahe, daß jeder denkende Leser den Vergleich ohne Mühe anstellen kann. —

Ihren größten Werth jedoch erhalten diese Mittheilungen vielleicht durch den Umstand, daß sie, wiewohl vertraulich gemacht, die Probe der Oeffentlichkeit glänzend bestanden haben; sie haben auch beim deutschen Publicum das allgemeinste Interesse erregt und dazu beigetragen, in dem großen Feldherrn, welchen Alle kennen, verehren und lieben, der Welt auch den Menschen zu zeigen, welchen nur Wenige kennen, der aber der Liebe und Verehrung nicht minder werth ist! —

Um nun diese Kenntnißnahme auch den weitesten Kreisen zu ermöglichen, wandte sich die unterzeichnete Verlagshandlung an Se. Excellenz den Feldmarschall Grafen Moltke mit der Bitte, ihr nach erfolgtem Abdruck in der „Deutschen Rundschau" auch die Veranstaltung einer — hiermit vorliegenden — Separat-Ausgabe zu geſtatten. — Dieſer Bitte wurde von Sr. Excellenz in Anbetracht des wohlthätigen Zweckes — der Geſammt-Ertrag, ohne Abzug der Herſtellungs-koſten, iſt für die Invaliden der Kriegsjahre 1870/71 beſtimmt — gütigſt gewillfahrt. — Da aber der Abdruck im Februarheft der „Deutſchen Rundſchau" mancherlei Unrichtigkeiten und Lücken enthält — beiſpielsweiſe fehlen dort die in die Separat-Ausgabe aufgenommenen Briefe vom 19. und 20. Auguſt ganz und die vom 21. und 31. Auguſt, ſowie vom 5. und 7. September zum größeren Theil, während die vom 24., 28. und 29. Auguſt, ſowie vom 2. und 3. September manches Neue enthalten —, ſo wurde für die vorliegende Ausgabe das Original-Manuſcript der Briefe benutzt. —

Die wenigen, unter dem Text befindlichen Anmerkungen ſind zum ſchnelleren Verſtändniß von der Verlagshandlung hinzugefügt worden. —

Berlin, Anfang April 1877.

Gebrüder Paetel.

Peterhof, Freitag, den 15. August 1856.

... Gewiß mußten wir bei dem Wetter, in welchem wir aus Berlin abgingen, auf eine recht schlimme Ueberfahrt rechnen, und wir haben eine vortreffliche gemacht. Meine Bleistift-Depesche von Swinemünde wirst Du hoffentlich schon am Mittwoch früh erhalten haben. Schon dort hatte sich der heftige Wind etwas gelegt, und als ich die beiden großen Kriegsdampfer sah, konnte ich wohl denken, daß schon sehr bedeutende Wellen dazu gehören werden, um sie aus ihrer Ruhe zu bringen.

Es dauerte ziemlich lange, bis die Kaiserin\*
Abschied von ihren Geschwistern genommen hatte,
wir richteten uns unterdeß auf der Corvette
„Gremäschtschik" (le tonnant) ein. Gegen sieben
Uhr bestieg der König\*\* den „Nagler" und schoß
pfeilschnell an uns vorüber, die russische Mann-
schaft paradirte auf den Raaen, die Bande spielte
auf, und nun ging es an die Abreise. Vor
allem kam es darauf an, die beiden Leviathane
mit dem Schnabel nach Rußland zu wenden.
Bei der geringen Breite des Fahrwassers konnten
sie das mit ihren eignen Schaufeln nicht bewerkstelligen, und das kleine Schleppdampfschiff mußte
ein paar Mal ansetzen, um diese Massen herum
zu bringen. Sobald sie aber nur einmal die
Richtung hatten, so schaufelten sie los zwischen
den mehr als tausend Fuß langen Molen hindurch, hinaus in die offene See.

Ich mußte mich nun einmal in mein Schicksal

---

\* Alexandra Feodorowna, Gemahlin des Kaisers Nico-
laus I., gestorben 1860. Sie war bekanntlich eine Tochter
Friedrich Wilhelm's III. und Schwester Wilhelm's I., deutschen
Kaisers und Königs von Preußen.

\*\* Friedrich Wilhelm IV.

ergeben, und beschloß denn noch, ein sehr gutes Souper in den Kauf zu nehmen, worauf ich mich in meine Cabine zurückzog, der Dinge harrend, die da kommen sollten.

„Faites un peu amarrer vos effets", war der tröstliche Rathschlag, den ich miterhielt. Mein Hôtel hatte ein Fenster Front, das Fenster bestand aber nur aus einem handgroßen Klumpglas, welches mein Elend beleuchtete. Das Mobiliar war recht einfach und bestand im wesentlichen aus der Kette, welche das Steuerruder dirigirt und sich ohne Unterlaß mit fürchterlichem Schnarchen bewegte.

Da an Bettüberzüge nicht zu denken war, so wickelte ich mich felddienstmäßig in meinen Mantel, legte mich auf die couchette, seufzte und schlief fest und ununterbrochen bis zum Morgen.

Das Erwachen des kalten, grauen Tages war wenig erfreulich. „Je suis fâché de vous dire, qui'l y ait de moutons!" rief mir General Philofophof herunter, welcher auf die liebenswürdigste Weise die Honneurs auf dem „Donnerer" machte. Diese moutons sind nämlich die weißen Schaumwellen, welche jedesmal einer scharfen Brise vorangehen.

Ich gab mich trüben Betrachtungen hin, und in dreimal vierundzwanzig Stunden kann man deren recht viele anstellen. Von beiden Seiten klangen klagende Töne durch die dünnen Bretterwände, welche meine Leidensgefährten von mir trennten. Ich war außer Stande, auch nur eine Tasse Kaffee zu mir zu nehmen, und schleppte mich, um dem heillosen Cajüten-Geruch zu entgehen, auf's Verdeck.

Friedrich lag schon seit gestern in den letzten Zügen, und ich bestrebte mich, mit Aufbietung aller meiner Sprachkenntnisse und durch Pantomimen Murawief, den Schiffsjungen, für meine hülflose Lage zu interessiren. Eine Matratze wurde heraufgeschafft und das einzige Mittel gegen Seekrankheit in Anwendung gebracht: Liegen und Erhalten.

Mit jeder Stunde aber wurde es besser. Der Wind nahm ab, das Schiff war sehr breit und der roulis daher gering. Um Mittag begriff ich schon zur Hälfte einen französischen Roman, den ein hülfreicher Fürst Trubetzkoi mir aus Paris mitgebracht hatte. Gegen Abend stellte ich einige schwankende Versuche im Gehen an, und nachdem dieser Tag unter strengem Fasten abgelaufen, schlief ich eine zweite Nacht trotz Talggeruch und Schaukeln ganz vortrefflich.

Schüchtern versuchte ich meinen Kaffee, mit einigen Gewissensbissen um elf Uhr etwas Hering, kaltes Fleisch und Rothwein, dann mit mehr Vertrauen ein vortreffliches Diner. Ein alter Malaga, guter Lafitte und Champagne frappé halfen über die cotelettes truffées und Artischocken hinweg, welche sonst leicht hätten verderblich werden können.

Der unübertreffliche Karawanenthee aus Kiachta war am Abend nicht auszulassen, und da alles so gut ging, so riskirte ich noch ein Souper, bei welchem ich herzlich Deine Gesundheit in Champagner trank, indem ich mir dachte, wie Du wohl in eben dem Augenblicke um mich sorgtest, wo ich so elegant mein Glas ausschlürfte. Die Zufriedenheit wohnt so oft, wo man sie nicht sucht, auf dem schwankenden Brett eines Schiffes, während Gram und bitter Herzeleid unter dem strahlenden Kronleuchter eines Ballsaals walzen.

Diefer vendredi gras war außerdem reich an manchem Intereffanten. Vormittags waren wir dem „Olaf" fo nahe gekommen, daß man fich mit den übrigen Herren vom Gefolge begrüßte. Die Kaiferin ließ fragen, wie es uns ginge; wir antworteten natürlich, daß wir in officiellem Wohlfein verharrten, und erkundigten uns nach der Gefundheit Ihrer Majeftät. Die Antwort war: „Heute, Gott Lob, fehr gut," woraus wir fchloffen, daß es geftern fchlecht war.

Diefe kleine Correfpondenz wurde durch dreißig oder vierzig bunte Flaggen geführt, die nach und nach am Hauptmaft aufgehißt wurden. Dann kam ein großes ruffifches Kriegsfchiff von der finnländifchen Küfte her, welches die Kaiferflagge aus feinen beiden Decken durch ein rollendes Gefchützfeuer begrüßte. Der „Donnerer" fprach im Namen des „Olaf" feinen Dank aus ehernem Mund in einunddreißig kräftigen Worten aus. Das Ganze gab ein fehr hübfches Bild.

Sobald die Sonne untergegangen, hörte der Wind ganz auf. Der Vollmond blickte durch die Wolkenftreifen, die Luft war mild und lind und das Wellenplätfchern fanft.

Alle halbe Stunden ließ der „Olaf" eine bengalische Flamme leuchten, was von uns erwidert wurde. Es geschah, um sich zu vergewissern, daß der kleine „Gremäschtjchik" weder abhanden gekommen war, noch etwa zu dicht aufruderte. Ich trieb mich bis zwei Uhr auf dem Deck umher. Heute vollends war es ein wunderschöner, sonnenheller Tag. Zu beiden Seiten traten erst Inseln mit Leuchtthürmen, dann die zusammenhängenden Küsten hervor. Je weiter wir in den finnischen Meerbusen eindrangen, je glätter wurde die See. Da wir befürchten mußten, früher als der Kaiser uns erwartete, einzutreffen, so fuhren wir meist nur mit halber Kraft.

Um Mittag zählte ich über zweihundert Segel, welche den eben eintretenden, sanften Nordwind benutzten, um aus Kronstadt auszulaufen. Bald tauchte denn auch das nordische Venedig aus dem Meere empor. Gewaltige Festungswerke aus Quadersteinen, mit drei Reihen Kasematten und armirten Plattformen umgeben, auf allerlei kleinen Inseln gelegen, ein wahrer Wald von Masten im Kauffahrtei-Hafen. Dahinter liegen im Kriegshafen die Riesen der Kriegsmarine, welche selbst fighting Charley nicht aus ihrer unbeweglichen Ruhe herauszulocken vermochte, als er sich ihnen auf etwas mehr als Schußweite gegenüber legte.\* Welcher Empfang aber seinen eichen-herzigen Theerjacken zu Theil geworden, wenn er etwas näher getreten wäre, davon konnten wir uns die lebhafteste Vorstellung machen. Denn sobald der „Olaf" etwa zweitausend Fuß an die Festung heran war, quollen aus den Scharten der Kasematten aller dieser Thürme, Linien und Batterien dichte, weiße Wolken hervor, und alsbald erscholl ein Donnergebrüll, welches fast unser eigenes Kanonade-Concert übertäubte, obgleich das Schiff darunter erbebte. Ein englisches achtzig-Kanonenschiff, welches hier vor Anker lag, stimmte übrigens fröhlich mit ein. Es hatte den Sonnenschein benutzt, um zu waschen, und pavoisirte mit unzähligen Hosen und Hemden seiner Equipage in allen Farbenschattirungen. Da die Ankunft der Kaiserin unzweifelhaft bekannt war, so sprach dies für Johny Bull's Unbefangenheit.

Jetzt schoß ein äußerst schmaler Dampfer

\* Bekanntlich während des Krimkrieges.

mit zwei Essen an uns vorüber, es war der Groß-Admiral Großfürst Constantin,* dann folgte der Kaiser,** welcher seiner Mutter entgegeneilte. Man hatte es kaum für möglich gehalten, daß die hohe Frau bei ihrer zarten Gesundheit aus Wildbad in den Alpen noch nach der Newa zurückkehren werde. Sie hat sich aber vorgenommen, ihrem Sohne bei der Krönung den Segen zu spenden, wie dies des Landes schöne, alte Sitte ist, und sollte sie dabei sterben. Und was diese Frau einmal will, das will sie sehr ernstlich.

Wir waren natürlich Alle in Gala auf dem Verdeck und begaben uns nun in diesem accoutrement an Bord des schmächtigen Großadmiralschiffes „St. Petersburg".

Denke Dir alle diese Vorgänge anders in Scene gesetzt, etwa an einem Regentage, bei hoher See, mit Anwandlungen von Uebelkeit, so wirst Du einräumen, daß unsere Lage schrecklich

\* Bruder des Kaisers Alexander II. von Rußland, geboren 1827.
\*\* Alexander II., geboren 1818, gekrönt 7. September (26. August) 1856.

hätte sein können. Schnell glitten wir indeß in der schönen Wirklichkeit über den glatten Spiegel nach der nahen Küste. Zur Linken glänzte am nebligen Horizonte etwas, was man, wenn es nicht heller Tag gewesen wäre, für einen großen leuchtenden Stern gehalten hätte. Es war die vergoldete Kuppel der Jsaaks-Kirche in Petersburg.

Sehr bald landeten wir an der schönen breiten Treppe von Peterhof. Die Kaiserin war schon durch die Truppenspaliere hindurch, und es war noch ein unglaubliches Gedränge von Militair und Hofchargen mit Epauletten und Sternen. Wir wurden aber alsbald von einem betreßten Diener eingefangen und in ein cab gesperrt, welches uns durch ein Spalier von Springbrunnen zum Schloß und von da in unsere Wohnungen führte, wo ein Schwarm von Dienern und Equipagen zu unserer Verfügung steht.

Da ich mich nun glücklich an's Land gebracht habe und es zehn Uhr geworden ist, so schließe ich für heute, indem ich herzlich gute Nacht wünsche. Mein Brief muß morgen Vormittag erst fort, und so kann ich morgen früh weiter erzählen, ehe meine Landeindrücke diese maritimen Erinnerungen überlagern. Nachdem ich drei Nächte nicht aus den Kleidern gewesen bin, lächelt mir ein sauberes Bett mit guter Matratze und seidener Steppdecke sehr angenehm.

Sonnabend, den 16. August.

Das ausgedehnte Schloß Peterhof, von Peter I. erbaut und von seiner Tochter Elisabeth erweitert, dient, wie St. James Palast, eigentlich nur zur Repräsentation. In ausgedehnten Parkanlagen liegen rings umher die Villen und Landhäuser, welche die Kaiserliche Familie und ihre Gäste bewohnen. In einem dieser Häuser logiren für jetzt Prinz Hohenzollern, Heinz, Katte und ich.

Ich habe ein hübsches, geräumiges Zimmer mit freundlicher grüner Aussicht, was hier in der kalten, feuchten Gegend unschätzbar, nach der

Sonnenseite. Dennoch habe ich heute Nacht meinen Mantel zu Hülfe genommen.

Gleich nach dem Eintreffen besuchte mich Graf Münster und der zum Prinzen\* commandirte Kaiserliche Flügel-Adjutant von Mirbach. Es war Marschallstafel (Ueberrock ohne Degen), ich fand dort unsern Gesandten Werther, den jungen Grafen Werther-Beuchlingen, den Du kennst, und nach Tische gab es Vorstellung.

Den Kaffee nahmen wir auf dem Balkon vor dem Schlosse, von wo man die wirklich sehr reichen Wasserkünste übersieht, die vor der ganzen bedeutenden Front aufbrausen und das Angenehme haben, daß sie nicht künstlich durch Dampf getrieben werden, sondern aus einem natürlichen reichen Wasserschatz entspringen.

Nach aufgehobener Tafel erhob ich den Finger, und herbei stürzte der Iswoschtschik, faßte die einzelnen Zügel in den weit ausgestreckten Händen, setzte sich auf die Enden, legte den Körper zurück, und nun ging's im scharfen

---

\* Friedrich Wilhelm, gegenwärtig Kronprinz des deutschen Reichs und von Preußen.

Trabe in der offenen Droschke durch die weitläufigen Anlagen von Peterhof.

Archimedes suchte einen Stützpunkt außerhalb der Erde, um die Erde aus ihrer Bahn zu heben. Peter der Große fand ihn für seine Reformen außerhalb des Reiches in den erst von ihm eroberten, schwedischen Provinzen. Dort baute er seine europäische Stadt, und als sie fertig war, Peterhof, um zu sehen, wie sie sich ausnehme.

Das Schloß ist ein ziemlich ausgedehntes, dreistöckiges Gebäude im französischen Styl. Es hängt durch Gallerien mit zwei Pavillons zusammen. Die Farbe, gelb und weiß, correspondirt mit dem Eisenblech des Daches und der überaus reichen Vergoldung der Kuppeln. Das Gebäude steht auf einer etwa vierzig Fuß hohen Terrasse, welche durch den natürlichen Abfall des Festlandes zum finnischen Meerbusen gebildet wird. Den etwa tausend Fuß breiten Raum bis zum eigentlichen Meeresstrand füllen die Parkanlagen aus. Senkrecht von der Mitte des Schlosses führt ein breites gemauertes Bassin bis zur Landungstreppe am Meere, zu beiden Seiten von einer Reihe von Springbrunnen eingefaßt, die so eine höchst eigenthümliche Allee von Wasserstrahlen bilden. Daneben führen die Straßen, und das Ganze ist von hohen, schwarzen Tannen umgeben, zwischen denen man über diesen Vordergrund weg die See und am Horizont die finnische Küste erblickt. Das Ganze macht einen überraschenden Eindruck.

Auch der Park ist recht schön und erhält seinen eigenthümlichen Charakter durch die zahllosen Wasserkünste. Die größten Strahlen, auch der vor der Grotte unter der Mitte des Schlosses, mögen nur etwa fünfzig bis sechzig Fuß hoch und armdick springen, sind also weder mit Wilhelmshöhe noch Sanssouci zu vergleichen. Aber ihre Zahl ist endlos. Ueberall im Schatten der Bäume plätschert und rauscht es aus Tempeln und Statuen, in Kaskaden und Bassins.

Der Rasen ist freilich nicht der natürliche Sammet von Windsor oder der künstliche von Glienicke,* aber er ist doch frisch und grün. Den Baumschlag repräsentirt die Erle, Weide, Fichte und vor Allem die Birke mit ihrem weißen

* Bei Potsdam; Residenz des Prinzen Karl.

Stamm; die Eiche ist selten, die Linde und Ulme gepflanzt und gehegt. Die scharlachrothe Vogelbeere vertritt das blühende Gesträuch. Malven, Stockrosen, Georginen, die melancholischen Vorboten des Herbstes, ehe noch es Sommer war, sprengen einige Farbenfunken in das vorherrschende Grün. Alles Uebrige ist exotisch. Der Vegetation merkt man es freilich an, daß wir hier gerade doppelt so nahe am Pol als am Aequator wohnen.

Was mir an diesem Park am besten gefallen und zugleich mich am meisten überrascht hat, war ein Bach, ein wirklicher deutscher Bach mit krystallhellem Wasser, der über große Granitblöcke dahinrauscht. So viel Gefälle hätte ich im ebenen Rußland vom Waldai bis zum Meeresspiegel nicht gesucht.

Es ist mir immer unbegreiflich gewesen, wie die Gartenkünstler des Flachlandes Wasserfälle anlegen mögen, anstatt das mühsam erstrebte Gefälle zu nutzen, um wenigstens auf eine kurze Strecke einen plätschernden und murmelnden Bach herzustellen. Da springt so ein künstlich gemartertes Wasser über ein Brett in einen sechs Fuß tiefen Abgrund, um dann beschämt weiter zu schleichen, nicht mehr wissend wohin, wenn es nicht bergauf laufen soll. Es fehlt nur noch, daß der Catarakt erst losgelassen wird, wenn der Zuschauer mit hochgezogenen Brauen dasteht, um zu erstaunen.

Der Bach in Peterhof ist Natur, und wenn die Forelle sich mit sechzig Grad nördlicher Breite befreunden kann, so muß sie hier wohnen.

Weiter oberhalb hat man den reichen Wasserschatz zu weiten Seeflächen angestaut, welche mit Bäumen und zum Theil sehr hübschen Landhäusern eingefaßt sind.

Jeder hat dabei seinen eigenen Geschmack zur Regel genommen. Da sind italienische Villen mit den charakteristischen viereckigen Thürmen, flachen Dächern, Freitreppen, Veranden und Statuen; dann kommt ein manor in sächsisch-normannischem Style, mit schweren Giebeln, vorspringenden Erkern und breiten Fenstern; aus einem Birkenwalde lugt das Schweizerhaus mit seinem weißen Giebel und geschnitzten Balkon. Die meisten Häuser sind indeß aus Holz mit Eisenblech gedeckt, welches letztere roth und besonders grün angemalt ist. Alle sind mehr oder weniger auf einen Sommer berechnet, der nicht immer eintritt und welcher dieses Jahr ganz auszubleiben gesonnen scheint. Der Tag unserer Landung war fast der einzige ganz schöne, den wir hier gehabt haben.

Man fährt in Rußland überhaupt nie ohne Mantel, und auch unser Klima ist der Art, daß man sich diese Regel aneignen muß. Denn das Wetter mag schön sein oder schlecht, so schützt der Mantel entweder gegen Staub oder Regen.

Ganz behaglich eingewickelt, kehrte ich zurück, nachdem ich mein „domoi" gerufen, denn sonst wäre mein Jswoschtschik bis Petersburg gejagt.

Heute, Sonnabend den 16. August, also noch in den Hundstagen, werden wir kaum zehn Grad Wärme haben. Ueberall hat man bis jetzt gerne ein Kaminfeuer angezündet, aber da ich mich doch nicht entschließen kann, den Ofen zu heizen, so habe ich meine Winterkleider angelegt. General Schreckenstein, der parterre wohnt, hat einheizen lassen. Es regnet vom grauen Himmel, und der Wind gratulirt uns, daß wir auf festem Boden sind.

Der Tag wurde ausgefüllt mit Besuchen bei der Kaiserlichen Familie. Wir reisten Visiten. Denn Strelna, wo Großfürst Constantin wohnt, liegt anderthalb deutsche Meilen von Peterhof, in der Richtung nach Petersburg, während das Palais Sergmosch der Großfürstin Marie\* einige Werst in entgegengesetzter Richtung nach Oranienbaum zu liegt.

Nachdem das ganze Gefolge des Prinzen und die zu seiner Begleitung commandirten General Mansurof und Oberst Mirbach sich versammelt, ging es zuerst zum Kaiser, der in einer kleinen, sehr einfachen Cottage hauset. Die Minister Dolgoruki, Perofski, Graf Schuwalof kamen mit ihren Portefeuilles eine kleine Treppe herab, dann erschien der Kaiser selbst.

Er machte mir einen sehr angenehmen Eindruck. Er hat nicht die Statuen-Schönheit, noch die marmorne Strenge seines Vaters, aber er ist ein auffallend wohlgebildeter Mann von majestätischer Haltung. Er sieht etwas angegriffen aus, und man möchte glauben, daß die Begebenheiten

---
\* Schwester des Kaisers von Rußland, Wittwe des Herzogs von Leuchtenberg.

seinen edlen Gesichtszügen einen Ernst aufgeprägt haben, der gegen den wohlwollenden Ausdruck seiner großen Augen kontrastirt. Bei keiner Nation ist die Persönlichkeit des Monarchen von größerem Gewicht, als in Rußland, weil nirgends eine uneingeschränktere Macht in seine Hände gelegt, als hier.

Alexander hat bei seiner Thronbesteigung\* Europa gegen sich in Waffen gefunden, und er hat im Innern seines eigenen unermeßlichen Reiches Verbesserungen durchzuführen, die wohl einer festen Hand bedürfen, wie sollte er nicht seiner großen Aufgabe mit Ernst entgegengehen?

Der Prinz stellte uns einzeln vor, und der Kaiser wußte mit vollendeter Leichtigkeit Jedem etwas Passendes zu sagen. Er spricht vollkommen fließend und geläufig Deutsch und Französisch und hat eine ungemein würdevolle und doch verbindliche Manier.

Nun ging's nach Alexandra, einem geschmackvollen, aber sehr kleinen Landhause, in welchem doch Kaiser Nicolaus einst mit seiner ganzen

\* 2. März (18. Februar) 1855.

zahlreichen Familie gewohnt hat. Seitdem haben die Kinder ihren eigenen Hausstand gegründet, nur die Wittwe und ihr jüngster Sohn\* sind noch geblieben. Zur Zeit wohnt auch Prinz Friedrich Wilhelm hier bei seiner Tante. Die Kaiserin war ganz prächtig. „Laß sie mal alle einzeln herankommen, denn so weit sehe ich nicht," sagte sie und setzte sich in einem Stuhle zurecht. Jedem von uns gab sie die Hand zum Kuß, und Allen hatte sie etwas Freundliches zu sagen. Waren es doch ihre lieben Landsleute. Schließlich wollte sie wissen, wer von uns noch tanze. Sie sieht gern fröhliche Menschen um sich. Sie scherzte, lachte und schien ganz vergnügt.

\* Großfürst Michael, geboren 1832.

Sonntag, den 17. August.

Heute war Messe im Pavillon von Peterhof, welcher der ganze Hof beiwohnte. Im Versammlungssaal fand ich Severin. „J'ai vu Madame de Moltke à Berlin, plus belle et plus gracieuse que jamais, et sa belle mère, qui avait l'air d'être sa sœur."

Um zwölf Uhr kam der Hof. Der Kaiser in der Generalsuniform, grün mit goldgesticktem, rothem Kragen, führte seine Tante, die Großherzogin von Mecklenburg,* welche ein weißes Spitzen-

---

\* Die Großherzogin-Mutter von Mecklenburg-Schwerin, eine Tochter König Friedrich Wilhelm's III. von Preußen, geboren 1803.

Kleid und sehr schöne Diamanten trug. Rechts von ihr schritt die Kaiserin Marie,* hellblau mit breiten Points.

Dann folgten die vier Söhne des Kaisers, die beiden ältesten** in Uniform der Chevalier-Garde, der dritte*** in Infanterie-Uniform und der jüngste † im blauen Kittel der Marine. Diesen schlossen sich die Großfürstin Michael-Nicolaus und der Prinz Peter von Oldenburg mit seinen beiden Söhnen an. Alles stand während der ganzen Messe, die über eine Stunde dauerte, selbst die hochbetagte Großherzogin, nur die regierende Kaiserin setzte sich zuweilen.

Die Kapelle ist weiß mit reicher Vergoldung, das Allerheiligste mit dem Altar ist in allen griechischen Kirchen durch die Ikonostase, die Bilder-

\* Maria Alexandrowna, geboren 1824, Tochter des verstorbenen Großherzogs Ludwig II. von Hessen, und mit dem Kaiser vermählt seit 1841.
\*\* Der 1865 verstorbene Thronfolger und der jetzige Thronfolger, Cäsarewitsch Alexander, damals elf Jahre alt.
\*\*\* Großfürst Wladimir, damals neun Jahre alt.
† Großfürst Alexis, damals sechs Jahre alt, Chef der finnischen Flotten-Equipage.

wand, von dem Hauptraum geschieden. Diese Wand hat drei Thüren, von denen die mittelste, die Kaiserthür, weil nur der Czar durch sie eintreten darf, meist geschlossen bleibt; jedoch gestattet eine Art Gitterwerk, etwas von dem zu bemerken, was dahinter vorgeht.

Der griechische Ritus gestattet die Abbildung der Heiligen in Farben und den Gesang beim Gottesdienst, schließt aber alle Skulptur und Instrumentalmusik aus. Man hat nun die wundervollsten, alten Kirchengesänge. Sie sind großentheils aus dem Abendland geholt, dort aber vergessen. Rom hat viele geliefert.

Natürlich sind diese Sachen ohne Begleitung von Instrumenten sehr schwer zu singen und erfordern unendliche Uebung. Der Kaiserliche Sängerchor ist nun weltberühmt, und ich war sehr gespannt, ihn zu hören.

Er bestand aus etwa dreißig Stimmen, vom Baß, der die Fensterscheiben vibriren machte, bis zum Sopran der Kinderstimmen. Diese Sänger standen an beiden Seiten der Ikonostase, übrigens in karmoisin-rothem Frack und goldbedeckten Hosen, den Degen an der Seite.

Der erste Theil des Gottesdienstes besteht aus Gebeten, und dabei wiederholt sich in den verschiedensten Weisen das mehrstimmig gesungene „Gospodi pomilui", Herr erbarme Dich! Die Priester in grünem, seidenem Talare mit darauf gestickten Kreuzen tragen ein ungeheuer großes Evangelium heraus, welches mit Gold und Edelsteinen bedeckt ist.

Der Beichtvater des verstorbenen Kaisers, Baratof, administrirte die Messe. Er hat einen unglaublichen Baß, trägt das Haar vorne geschoren, hinten hängt es schlicht bis auf den halben Rücken. Er kommt und geht, räuchert und kreuzt und spricht Gebete. Beim zweiten Theil der Messe wird das Brod und der Wein hoch über dem Haupt hinausgetragen, dann ziehen sich die Geistlichen hinter die Mittelthür zurück, wo nun die Transsubstantiation, die Umwandlung von Brod und Wein in Fleisch und Blut vor sich geht, und dabei sang der Chor ein wahrhaft ergreifendes Gesangstück mit unübertrefflicher Meisterschaft. Etwas schöneres ist nie komponirt, aber auch nie schöner vorgetragen worden. Zu meiner hellen Verzweiflung sang eine alte Excellenz hinter mir und natürlich immer falsch mit, zwar ganz sotto voce, aber laut genug für mich. Den dritten Theil des Gottesdienstes bildet nun die Austheilung des geweihten Brodes, zu welcher nur die Kaiserliche Familie blieb.

Nach der Messe wurden wir der regierenden Kaiserin vorgestellt. Sie hat eine hohe, schlanke Figur und freundlichen Ausdruck.

Dann machten wir der Großherzogin von Weimar\* die Aufwartung, und nun ging es an's Visitenmachen. Um das zu bewerkstelligen, gab ich dem Feldjäger die Liste, ließ ihn in seiner Droschke vorausfahren, wir alle hinterdrein jagend, und so wurden in Zeit von einer Stunde sechsundzwanzig Visiten abgethan.

Um vier Uhr war große Tafel beim Kaiser zu Ehren des französischen Botschafters Graf Morny, welcher das große Band der Ehrenlegion überbrachte. Auch die Kaiserin-Mutter erschien

---

\* Sophie Luise, geboren 1824, eine niederländische Prinzessin; ihre Mutter, Anna Paulowna, Gemahlin König Wilhelm's II. der Niederlande, war die Schwester des Kaisers Nicolaus I.

bei Tische. Sie trug ein weißes Mousselinkleid und eine Jacke von demselben Stoff mit einem zollbreiten Band von Kornblau besetzt, ohne allen weiteren Schmuck, ein weißes Barett mit weißen Federn, was außerordentlich gut aussah. Die schlanke, hohe Gestalt der Kaiserin läßt sie von Ferne wie ein junges Fräulein erscheinen.

Ich setzte mich mit Severin zusammen. Nach der Tafel wurden wir noch den übrigen Großfürstinnen vorgestellt. Die Großfürstin Marie sieht immer noch sehr gut aus, sie trug ein rosa Moirékleid und einen grünen Aufsatz mit lang herabhängenden Grashalmen. Aber blendend schön ist die Gemahlin des Großfürsten Constantin,[*] geb. Prinzeß von Altenburg, eine hohe, prachtvolle Gestalt, bildschönes Gesicht, dunkelbraunes Haar, sie trug dunkelblau und weiß.

Nach Tische machte ich eine Spazierfahrt durch den englischen Garten nach Monplaisir, einem Lusthause hart am Meere, welches Peter der Große noch erbaut. Die Lage ist sehr schön, viele große, schattige Bäume und mit der Aus-

[*] Alexandra Josephowna, geboren 1830, bekanntlich eine Schwester der ehemaligen Königin Marie von Hannover.

sicht auf Petersburg. Aber ohne Sonne und Wärme fehlt jeder Landschaft die Poesie.

Es sollte dort Thee getrunken werden, ich machte mich aber stille fort, um mit Ruhe meinen Brief zu schreiben.

Die Küche ist außerordentlich gut, und ich wollte, ich könnte Henry im Stillen anstellen, alles das zu essen, was mir aufgebaut wird. Um halb acht Uhr lasse ich den Kaffee kommen, der hier immer aus Gläsern getrunken wird; dazu eine Welt von trefflichem Gebäck. Um zwölf Uhr setzt man mir vier Schüsseln, eine ganze Flasche Rothwein und eine kleine Flasche Liqueur auf den Tisch. Ich rühre davon nichts an, als ein Scheibchen Caviar und ein halbes Glas Wein, das übrige verschwindet anderweit. Um vier Uhr wird vortrefflich dinirt. Um acht Uhr lasse ich mir den Thee auf's Zimmer kommen, und jetzt tritt das Scheusal von einem Lakaien noch herein und fragt, wann ich soupiren will. Die Lichter reißen sie herunter, wenn sie kaum angebrannt sind; sie sind überall dieselben.

Montag, den 18. August.

Wir machten heute Vormittag eine Ausflucht zu Wagen in die Umgegend. Kaiser Nicolaus hat außerordentlich viel für Peterhof gethan. Zunächst hat er hier vierzig Meilen Chausseen in allen Richtungen erbaut, sodann durch Ausgrabung großer und schöner Wasserbassins die Gegend einigermaßen trocken gelegt, endlich an den schönsten Punkten sehr geschmackvolle Villen geschaffen. Eine solche ist Oserki, welches ungemein an Charlottenhof bei Potsdam erinnert.

Ein ganz bedeutender Bau ist Babigon auf einem Hügel, von wo man eine weite Aussicht über Land und Meer bis Petersburg und Kronstadt hat. Aber freilich die weiten Aussichten sollte man hier nicht aufsuchen. Das Land, sobald man aus den Anlagen herauskommt, ist meist sumpfiges Bruchland mit niedrigem Gebüsch, das Meer grau und eintönig, wenigstens bei dem trüben Himmel, den wir heute hatten.

Der Pavillon selbst ist prachtvoll; ganz aus Granit, Marmor und Sandstein erbaut. Auf einem etwas egyptischen Unterbau von geschnittenen Granitquadern erheben sich zwei Stockwerke, jede von Säulen rings umgeben, die Monolithen aus prachtvollem, schwärzlichem Granit gehauen und schön polirt. Die Capitäle aus weißem Marmor sind im unteren Geschoß korinthisch, oben dorisch, was freilich ungewöhnlich, ebenso wie überhaupt ein zweistöckiger, attischer Tempel. Vor demselben stehen die beiden Roßebändiger des Baron Klodt,* die wir auch in

---

\* Sie zieren bekanntlich den Eingang zum Hauptportal an der Lustgartenseite des Königlichen Schlosses in Berlin.

Berlin haben, und die der Volkswitz den gehemmten Fortschritt und den beförderten Rückschritt getauft hat. Das Ganze ist mit einer für Rußland ganz ungewöhnlichen Solidität und wie für die Ewigkeit gebaut. Es macht einen sehr angenehmen Eindruck.

Nachmittags holte uns der Prinz zu einer Spazierfahrt in entgegengesetzter Richtung nach Oranienbaum ab. Der Weg dahin ist außerordentlich hübsch. Zur Linken hat man fortwährend einen niedrigen Höhenzug mit ununterbrochener Reihe von Landhäusern und Gärten, ähnlich etwa wie auf dem Wege von Altona nach Blankenese. Ganz besonders zeichnet sich die Datsche der Großfürstin Marie aus, welche Sergiewsk heißt.

Oranienbaum war ursprünglich der Landsitz des bekannten Admirals Grafen Mentschikoff und gehört gegenwärtig der Großfürstin Helene,*

---

wurden nach dem Modelle des im Texte genannten Barons Peter Jacob Klodt von Jürgensburg in Petersburg aus Bronze gossen und Friedrich Wilhelm dem IV. vom Kaiser Nicolaus zum Geschenk gemacht.

\* Tochter des Prinzen Paul von Württemberg und

welche aber nicht anwesend ist. Das Schloß hat in der Anlage sehr viel Aehnlichkeit mit Peterhof, das weiß und gelbe Hauptgebäude ist von einer Art Kuppel überragt, welche eine wohl zwanzig Fuß große Grafenkrone trägt. Zwei Pavillons stehen durch Gallerien mit dem Corps de logis in Verbindung. Vor der Front befindet sich die Terrasse, von welcher man auf breiten Granittreppen hinabsteigt; dann zieht sich auch hier ein Canal zum Meere, doch fehlen die Wasserkünste. Dafür ist aber die Aussicht viel reicher, als in Peterhof, denn das gerade gegenüber liegende Kronstadt mit seinen Kuppeln, die dasselbe umgebenden Befestigungen und der Wald von Masten bilden hier einen sehr malerischen Hintergrund. Der hier glatte Meeresspiegel erinnert mich immer an die Lagunen, und wenn man einen sehr hohen, dicken Fabrikschornstein für den Markusthurm nehmen will, so kann man sich einbilden, die stolze Venetia zu sehen. Das Schloß ist übrigens sehr wohnlich und comfortable ein-

vermählt mit dem Großfürsten Michael (gestorben 1849), Bruder des Kaisers Nicolaus I. Sie ward geboren 1807 und starb 1873.

gerichtet. Mit niedrigen Zimmern und engen Fenstern hat man sich zu jener Zeit überall begnügt, und das entspricht auch dem Klima. Ein schöner Luxus sind die großen Spiegelscheiben, man glaubt in der Landschaft zu stehen.

Dienstag, den 19. August.

**W**ir fuhren heute nach Kronstadt, und Großfürst Constantin selbst machte den Führer, was unendlich interessant und lehrreich war, denn einmal versteht er die Sache, und dann war er vollkommen offenherzig. Man macht wohl überhaupt kein Geheimniß mit dieser Festung. Admiral Napier hat so eben volle acht Tage dort zugebracht, und man zeigte ihm Alles. Daran thut man sehr wohl, denn diese imposanten, thurmartigen Werke lassen sich auch von außen her sehr leicht recognosciren, außerdem gewinnen sie bei näherer Bekanntschaft. Man hat viel von plattirten Mauern gesprochen, von Kasematten, die beim Schießen der eigenen Geschütze zusammenfallen. Wie weit das in Sewastopol der Fall gewesen sein mag, weiß ich nicht. Hier fand ich die Frontmauern des noch im Bau begriffenen Kronslot zehn Fuß dick aus reinem Granit vom Onega-See, der weniger Glimmer hat und noch härter ist, als der finnische. Die Gewölbe waren aus Ziegel sehr schön aufgemauert. Das Fahrwasser im finnischen Meerbusen wird, je näher an Petersburg, immer enger. Bei der Insel Kronstadt bildet es einen nur etwa tausend Fuß breiten Kanal. Zu beiden Seiten desselben erheben sich nun die gewaltigen Werke, rechts Risbank und Kronslot, links Alexander, Peter der Große, Mentschikoff und andere kleinere. Sie haben bis zu drei Etagen Kasematten und darüber die Plattformen und kehren allein nach der Seite der Durchfahrt fünfzig bis sechzig Geschütze schwersten Kalibers jedes. Da liegen die gewaltigen Paixhans, welche Hohlkugeln von über einen Fuß Durchmesser mit größter Präzision schießen, die Löcher reißen, welche gar nicht mehr verstopft werden können, und die, wenn sie im Innern des Schiffes krepiren, unendliche Verwüstungen anrichten.

Hier zwischen durch nach Petersburg zu segeln, ist rein unmöglich, wie sollte man auch zurückkommen. Es werden überdies noch zwei Linienschiffe quer vorgelegt und schwimmende Floßbatterien eingeschoben.

Wie imposant nun diese hohen Riesenschlösser auch aussehen, so wäre es doch unstreitig besser gewesen, dieselbe Zahl von Geschützen auf niedrigen Batterien zu placiren. Theils aber fand man den Bau schon vor, theils hätte man dann sehr ausgedehnte Linien erhalten. Nun hat man schon jetzt bei einer Wassertiefe von neunzehn Fuß in morastigem Grunde das Fundament legen müssen, und diese Arbeit so auszudehnen, wäre unendlich mühsam und kostspielig geworden. So bieten freilich die hohen, breiten Mauerflächen dem Schiffgeschütz ein nie zu fehlendes Ziel, und es fragt sich, ob man sie nicht aus sehr großer Ferne in Bresche legen kann. Großfürst Constantin hat gegen Risbank auf nahe Entfernung (hundertfünfzig Klafter) mit schwerem Geschütz feuern lassen. Am tiefsten drang der lange Sechsunddreißigpfünder, aber doch nur acht Zoll ein. Die Kugel fiel in Splitter. Man müßte daher lange schießen, um auch nur einen Theil der Werke unbrauchbar zu machen. Auch haben die Russen die Erfahrung von Sweaborg nicht ungenutzt gelassen. Ich fand eine große Zahl neuer Sechzigpfünder von solcher Metallstärke, daß sie eine Ladung von achtzehn bis zwanzig Pfund Pulver vertragen und dann die ungeheure Tragweite von über vier Werst oder beinahe dreiviertel deutsche Meilen haben.

Schon früher hatte man die Umgehung der Festung durch Fahrzeuge von geringerem Tiefgang dadurch unmöglich gemacht, daß eine Reihe von Steinkisten bis drei Fuß unter der Oberfläche des Meeres von Kronstadt bis zum finnischen Meerufer versenkt war. Da diese Linie aber zu weit zurückliegt, und es möglich war, die Stadt aus flachen Fahrzeugen zu bombardiren, so hat man die Arbeit nicht gescheut, eine neue Linie weiter vorwärts anzulegen und auch südlich bis Oranienbaum an der Ingermanland'schen Küste fortzuführen. Diese über drei Meilen lange Sperre ist in der Breite von einer Werst mit Pfählen dergestalt verrammelt, daß kein Schiff, auch das kleinste, nicht mehr hindurch kann. Eine Landung an der Westspitze der Insel selbst könnte nur unter dem Feuer der großen Forts bewerkstelligt werden. Sie würde dann auf zwei Linien von Feldwerken und schließlich auf die sehr starke, kasemattirte Front der Festung Kronstadt stoßen.

Wenn es den vereinten Kräften der größten Seemächte nach unendlichen Opfern gelungen ist, Sewastopol zu zerstören, so ist das Rußland sehr schmerzlich gewesen, mehr noch in moralischer, als in materieller Hinsicht. Wenn aber eine Flotte Kronstadt passirte und Petersburg verbrennte, so wäre das ein tödtlicher Streich. Unermeßliche Reichthümer, fast der ganze Handel würde zerstört, und es wäre denkbar, daß der Sitz der Regierung noch einmal nach Moskau zurückgedrängt würde. Kein Preis kann zu hoch sein, um das zu hindern.

Petersburg, Mittwoch, den 20. August.

Es war ein kalter, windiger Regentag, und unser Dampfschiff brauchte zwei Stunden, um zwischen den unzähligen schwarzen und weißen Tonnen hindurch, welche das gewundene, enge Fahrwasser bezeichnen, bis zur Mündung der Newa zu gelangen. Da der starke Ostwind das Wasser aus dem finnischen Meerbusen hinaustreibt, so sah man links und rechts große Sandbänke und Schlammflächen. Auch das Einlaufen in den gewaltigen Strom bietet nichts Schönes dar, bis man sich der Isaak-Brücke nähert, wo das Dampfschiff anlegte, und von wo uns die dort aufgestellten Equipagen durch den prachtvollsten Theil der Stadt über den Admiralitätsplatz, am Winterpalast vorüber, längs des englischen Quais nach dem sogenannten Franzuski Dwor brachten, welches zur Aufnahme des Prinzen und seines Gefolges eingerichtet ist. Es ist dieses das frühere französische Botschafter-Hôtel, welches aber seit 1830 eingezogen und mit der Eremitage dem ungeheuren Winterpalast als Kaiserliche Wohnung hinzugefügt ist.

Das üble Wetter mag wohl viel dazu beigetragen haben, daß Petersburg auf den ersten Anblick weit hinter meinen, allerdings hochgespannten Erwartungen zurückgeblieben ist. Man fand bei Gründung der Stadt einen solchen Ueberfluß an Raum vor, daß man mit der größten Verschwendung dabei zu Werke ging. Man mochte froh sein, wenn sich nur Menschen fanden, welche sich auf diesen traurigen Sümpfen anbauten, die später erst, namentlich in den Gegenden des Hauptverkehrs oder des Hofes einen ungeheuren Werth erlangten. Plätze und Straßen sind in riesenhaften Dimensionen abgesteckt, die Stadt sollte sich in diese hineinwachsen. Die Straßen sind fast doppelt so breit, als in Berlin; sie erscheinen daher öde, und die Häuser, obwohl meist dreistöckig, doch niedrig. Dies wird sich nie ausgleichen, wenn auch überall noch ein Stockwerk aufgesetzt würde, was kaum geschehen dürfte, da man sich überall noch in Länge und Breite ausdehnen kann. Eine andere Consequenz dieser weiten Straßen ist, daß sie schlecht erleuchtet und besonders schlecht gepflastert sind. Was gehört nicht dazu, allein die Fläche des Admiralitätsplatzes zu pflastern! Dazu kommt die sumpfige Beschaffenheit des Untergrundes, welche der Pflasterung keinen festen Halt giebt, und dieselbe ist denn auch in der That selbst in den vornehmsten Theilen der Residenz so schlecht, wie in irgend einer ganz kleinen Provinzialstadt. Das giebt ein unglaublich wüstes Ansehen, man kümmert sich aber weniger darum, weil mehr als die Hälfte des Jahres der Winter die Straßen auf's Beste chaussirt. Endlich fährt hier Alles. Man sieht auf den Straßen fast so viel Droschken als Menschen. In Petersburg kommt, statistischen Angaben zufolge, auf acht Menschen ein Pferd, was wohl in keiner andern großen Stadt der Welt wieder vorkommt. Spazieren geht man nur auf den breiten Trottoirs des Newski Prospekts und an den Quais, welche mit Granit aufgemauert sind.

Endlich stört mich das Material, aus welchem man baut, nicht sowohl, daß doch in den entfernteren Theilen der Stadt noch manches Haus aus Holz gefügt ist, sondern daß durchgehends der Ziegelbau angewendet werden muß. Die Russen haben eine Vorliebe für Balkons und besonders für Säulen, die beide in diesem abscheulichen Klima geradezu widersinnig sind. Eine runde Säule aus Ziegelstein mit Kalk abgeputzt, ist an sich ein unglücklicher Gedanke. Auch an den Häusern erkennt man bei der beständigen Feuchtigkeit die stete Reparaturbedürftigkeit des Materials. Die Fenster sind eng, und neben den attischen Peristyls und flachen Giebeln herrscht der reine Casernenstyl.

Auf diese graue Leinwand meines Gemäldes will ich nun die lichten Farben auftragen, wozu hier Anlaß genug ist.

Noch ehe der Prinz in seinem Hôtel abstieg, war er zur Kaiserlichen Begräbnißhalle in der Paulsfestung gefahren, um das Grab seines Oheims, des Kaisers Nicolaus, zu besuchen. Ich richtete mich in meiner Wohnung ein, welche, hoch gelegen, einen prachtvollen Anblick über die Newa und ihre Inseln gewährt. Es fehlt hier nur ein Hintergrund und Sonne. Nach dem Frühstück fuhren wir sogleich zur Jsaakskirche, deren reich vergoldete Kuppeln wir schon von Peterhof und Kronstadt erblickt hatten. Dies ist in der That ein prachtvoller Bau. In Widerspruch mit allem, was ich vorhergesagt, ist dieser Gottestempel aus dem solidesten, kostbarsten Material errichtet, welches man, Rom und Egypten nicht ausgenommen, nur finden kann, nämlich aus Granit, Marmor und Erz.

Die Jsaakskirche liegt auf dem schönsten, freien Platz der Stadt. Ganze Wälder von Masten sind in die Erde gerammt, um ihr eine feste Unterlage zu gewähren. Breite Granitstufen führen zu der Plattform empor, auf welcher sie sich erhebt. Die Figur im Grundriß ist ein Kreuz, dessen Arme von Ost nach West doppelt so lang sind als von Süd nach Nord, wo die Haupteingänge sich befinden. Der Altar steht in dem langen östlichen Arm, er ist durch die Ikonostase von dem übrigen Theil der Kirche abgetrennt. Die Eingänge von Nord und Süd werden gebildet durch zwei von Säulen getragene Peristyle, welche genau denen des Pantheons nachgebildet sind und gewiß auch keine kleineren Dimensionen haben. Denn diese Säulen sind sechsundfünfzig Fuß hoch, sieben Fuß dick, jede aus einem einzigen Granitblock. Sie haben genau die Maße der berühmten Säulen von Baalbek in Syrien, nur daß diese aus drei Stücken bestehen, während die finnischen Sümpfe solche zusammenhängende Felsmassen geliefert haben, wie man sie nur noch in Oberegypten gefunden. Etwas Aehnlichen erinnere ich mich nur in Maria degli Angeli, wo die vier Säulen, Monolithe von Granit, aus den diokletianischen Bädern stammen. Das Feld des Frontispice ist ausgefüllt mit Altireliefs von Bronze, es mögen Hunderte von französischen Geschützen darin stecken. Mächtige Thüren von demselben Material mit wunderbar schöner Skulptur führen in das Innere der Kirche. Dort nun erinnert die ganze Anordnung an St. Peter. Es sind dieselbigen gewaltigen, viereckigen Pfeiler, welche die Kuppel tragen, aber diese hat nur sechzig Fuß Durchmesser, während das Pantheon, St. Peter, die Kuppel des Doms zu Florenz, St. Sophia und selbst St. Paul in London eine mehr als doppelt so große Spannung haben. Das Innere der Isaakskirche macht daher lange nicht den überraschend schönen Eindruck, wie wenn man in das Pantheon tritt, wo man auf einen Blick zweitausend Quadratfuß Raum überblickt, welcher von einer einzigen Wölbung überdacht ist. Die byzantinischen Kuppeln sind alle eng und hoch, oft thurmartig, wie im Mainzer Dom; die der Isaakskirche zeigt äußerlich vierundzwanzig Säulen, wie die Kuppel der Johanneskirche in Potsdam. Auch diese sind sämmtlich von Granit mit Bronzekapitälen, und darüber wölbt sich das reichvergoldete Dach in Form nicht eines Segments, sondern einer Halbkugel. Das Ganze überragt die ebenfalls vergoldete Laterne, eine Wiederholung der ganzen Kuppel im Kleinen, und das Kreuz darüber. Durch die allerdings hohen Fenster der Kuppel kommt nun alles Licht in das Innere, welches daher ein myſtiſches Halbdunkel zeigt, wie man es in ruſſiſchen Kirchen liebt, was aber hindert, die ganze Pracht des verwendeten Materials zu bewundern. In der Ikonoſtaſe ſtehen zunächſt der Kaiſerpforte zwei koloſſale Säulen ganz von lapis lazuli, dann ſechs ſolche von Malachit. Natürlich ſind dieſelben nur inkruſtirt, da man von dieſen koſtbaren Steinen nie große Stücke findet. Dazwiſchen ſind die Gemälde der Heiligen, einige wenigſtens wie in Rom aus Moſaik, angebracht. Der Fußboden und alle Wände ſind in den ſchönſten Deſſeins mit dem koſtbarſten, zum Theil antiken Marmor und Porphyr ausgelegt. Es iſt eine unglaubliche Pracht, und der ganze Bau ein bewundernswerther. Die Höhe der Kuppel beträgt über dreihundert Fuß, bis zur Spitze des Kreuzes dreihundertundvierzig Fuß, etwa die Höhe der Magdeburger Thürme.

Mit der ruſſiſch-griechiſchen Kirchenform dürfte etwas Großartigeres nicht zu erreichen ſein. Sie ſchließt die heitere Pracht der römiſch-katholiſchen Kirche, wie ſie vom heidniſchen Alterthum überkommen, eben ſo aus, wie das himmelanſtrebende, lange Schiff und den Churmbau des germanischen Styls. Die unerläßliche Nothwendigkeit, das Allerheiligste durch die Bilderwand abzuschließen, gestattet ohnehin nicht den freien Ueberblick über das Ganze. Die schweren Pfeiler nehmen einen sehr großen Raum ein und sind durch die, wenig Seitendruck ansübenden, engen Kuppeln kaum motivirt. Was unter solchen Bedingungen zu leisten ist, hat die Jsaakskirche gelöset, und Niemand wird sie ohne Bewunderung verlassen. Mich haben zwei Anordnungen gestört. Die Skulptur ist von der russischen Kirche streng ausgeschlossen, und selbst das Bildwerk der riesenhaften Bronzethüren ist schon eine Ausnahme. Man hat hier aber kolossale Engelsfiguren, von Erz und vergoldet, zwischen die Fenster der Kuppel gestellt, welche nach meinem Gefühl das Ganze drücken und kleiner erscheinen lassen, als es wirklich ist. Dann erblickt man durch die Kaiserthür der Jkonostase das dahinter liegende Fenster durch einen Christus in Glasmalerei ausgefüllt. Dies Kunstwerk ist in München ausgeführt und an sich außerordentlich schön, aber die Farben der Glasmalerei sind so intensiv, daß sie mit der übrigen, ohnehin aus der Kuppel nur schwach beleuchteten Ausschmückung in Mißklang stehen und diese tödten. Empfinge die Kirche überhaupt ihr Licht durch Seitenfenster, so möchte es gehen. Aber in dem matten Dämmerschein der Kuppel scheint das Glasgemälde herein, daß da, wo man es sieht, selbst lapis lazuli und Malachit erbleichen.

Der ganze riesenhafte Prachtbau ist durch Kaiser Nicolaus ausgeführt, der überhaupt für Petersburgs Verschönerung mehr als irgend einer seiner Vorgänger gethan hat. Fertig hat er sein Werk nicht gesehen, man arbeitet noch im Innern.

Ich fuhr mit dem Prinzen nach Kamennoi Ostrow, der Steininsel, zum Besuch bei der Großfürstin Helene, einer schönen, lebhaften Frau, und dann zum Diner bei der Großherzogin von Weimar auf der Insel Jelagin. Das ist ein sehr schönes Kaiserliches Schloß auf einer anderen Insel mit prächtigen Eichen und dem schönsten Rasen, den ich hier noch gefunden. Leider regnete es unaufhörlich. Nach Tische kehrten wir nach unserm Hôtel zurück und fuhren dann mit den übrigen Herren eine Tour nach dem Newski Prospekt. Peter der Große setzte nicht das Schloß, sondern die hohe vergoldete Spitze des Admiralitätsthurmes zum Mittelpunkt seiner Stadt, die vor allem durch die Schifffahrt die Verbindung mit Europa werden sollte. Von diesem Punkte aus ziehen sich radienförmig die drei Hauptstraßen, der Newski Prospekt, die Erbsenstraße und die Wosnesensk oder Himmelfahrtsstraße gegen Süden und Südost. Die übrigen Straßen werden danach regulirt.

Der Prospekt ist nun die Straße des eleganten Verkehrs. Der Rinnstein ist hier meist in der Mitte, zu beiden Seiten befinden sich eigentlich zwei Straßendämme für die stets rechts fahrenden zahllosen Wagen, hier mit Holzklötzen gepflastert, dann folgen breite Trottoirs längs der Läden, deren Pracht zwar sehr gerühmt wird, die ich in der That aber recht unbedeutend finde. Mit Paris, London und Berlin können sie gar nicht verglichen werden, weder in der äußeren Ausstattung mit großen Scheiben u. s. w., noch besonders in Betreff des Inhalts. Wir besuchten den Annitschkoff'schen Palast, den der Kaiser

Nicolaus vor seiner Thronbesteigung bewohnt hat. Es ist eine reich ausgestattete Caserne, weiße Wände mit Vergoldung und Kronleuchtern, nichts weiter.

Ich fuhr noch zur Gräfin Münster und dann zu Severin, welchen ich jedoch nicht zu Hause traf. Es war neun Uhr geworden, wir nahmen den Thee beim Prinzen, wo Graf Redern uns etwas Musik machte, spielten noch eine Partie Billard und zogen uns dann, herzlich müde von allem Sehen, zurück.

Donnerstag, den 21. August.

Heute früh stürmte der Ostwind, es war kalt, aber die Sonne schien klar und hell, was einen belebenden Eindruck und den Blick aus meinem Fenster sehr schön macht. Die Newa ist ein prachtvoller, majestätisch langsam dahin fließender Strom. Seine Wasser lagern in dem hundert Quadratmeilen großen Bassin des Onega-Sees alle schmutzigen Theile ab und sind völlig klar, aber daß sie grün wie der Rhein wären, habe ich bis jetzt nicht entdecken können. Das findet, so weit ich gefunden habe, auch nur bei Flüssen statt, die Kalkgebirgen entströmen. Das Wasser der Granitformation ist ganz farblos, und das der Schiefergebirge grau. Da es hier nirgends an Raum fehlt, so ankern auch die Kauffahrteischiffe nicht dicht nebeneinander, sondern vertheilen sich auf weite Entfernungen, sehr selten nur streift ein kleines Dampfschiff oberhalb der Jsaaksbrücke noch vorbei. Da sieht freilich die schmutzige, bald bergab, bald bergauf fließende Themse anders aus, auf welcher sich fast soviel Dampfschiffe bewegen, wie hier Droschken in den Straßen. Die Newa ist ungefähr so breit, wie der Rhein bei Köln, theilt sich aber in der Stadt in verschiedene Arme. Man hat lange bezweifelt, daß es möglich sei, eine stehende Brücke über den Fluß zu schlagen. Wiederum ist es der vorige Kaiser, welcher das Werk ausgeführt hat. Die Nicolaus- oder Jsaaksbrücke führt auf sechzehn steinernen Pfeilern mit eisernen Bögen vom Platz vor der Jsaakskirche nach den Wasilewskoj Inseln. Es muß sich noch zeigen, ob sie dem gewaltigen Eisgang standhalten wird. Am einen Ende dieser prächtigen, etwa siebenhundert Fuß langen Brücke hält Czar Peter zu Pferde auf dem großen Granitblock, welcher fünfunddreißig Fuß lang, zwanzig Fuß breit und vierzehn Fuß hoch ist. Er ist eben im vollen Galopp hinaufgesprengt und parirt sein Roß, beide Vorderfüße in der Luft. Der Schweif des Thieres wird gestreift durch eine zertretene Schlange. Sie ist wichtig als dritter Stützpunkt für diesen Koloß, dessen Vordertheil nur dünn geformt, hinten aber mit Blei ausgegossen ist, um das Gleichgewicht herzustellen. Der Kaiser streckt die Hand über das von ihm neu eroberte Land und Meer aus. Die Inschrift: „Peter dem Ersten Katharine die Zweite" enthält ein stolzes Selbstlob der Letzteren. Am anderen Ende, aber noch auf der Brücke selbst, erhebt sich eine Kapelle des heiligen Nicolaus, auf drei Seiten von mächtigen Spiegelscheiben umgeben und sehr zierlich erbaut.

Vor zweihundert Jahren wußte kein Mensch in Europa etwas von der Newa. Der Fluß hatte Jahrtausende durch unbetretene Wälder geströmt. Er trug kein Fahrzeug auf seinem Rücken, nur die finnischen Jäger streiften zuweilen an seinen Ufern. Jetzt ist die Newa weltberühmt, ist eine der Lebensadern des russischen Reiches, trägt Kauffahrteiflotten und tränkt täglich fünfhunderttausend Menschen. Sie allein giebt klares Wasser, während alle Brunnen braunes, untrinkbares fördern. Freilich bedroht sie aber auch die Stadt mit steter Gefahr. Der finnische Meerbusen verengt sich trichterförmig nach Petersburg zu. Ein starker Westwind treibt die Fluthen mit großer Gewalt in diesen Schwalg hinein, sie drängen die des Stromes zurück, und die Newa fließt dann rückwärts. Trifft das nun gerade mit dem Eisgang zusammen, so wächst die Gefahr. Die Inseln werden zuerst überschwemmt, dann ergießt sich das Wasser über die Balustrade der gemauerten Quais, und da die höchsten Punkte der Stadt nur fünfzehn Fuß über den gewöhnlichen Meeresspiegel sich erheben, wird Alles überschwemmt. An vielen Stellen der Stadt ist noch die Wasserhöhe von 1824 bezeichnet. Sie drang an manchen Orten bis in das zweite Stockwerk. Viele Menschen kamen um, und lange dauerten die Seuchen, welche die nicht zu vertilgende Feuchtigkeit hinterließ. Eine Stadt von geschichtlicher Entwickelung würde nie an dieser schutzlosen Stelle erwachsen sein. Aber der eiserne Czar wollte es, und so mußten alle späteren Generationen die Consequenzen hinnehmen.

Schon um neun Uhr setzten wir uns heute in Bewegung, um den Winterpalast in Augenschein zu nehmen. Das Schloß bildet ein Viereck mit mehreren Höfen, ungefähr in der Größe des Berliner Schlosses, doch ist das Aeußere des letzteren viel imposanter; es hat eine Etage mehr und dann die gewaltige Kuppel. Der Winterpalast mit allen seinen halb aus der Mauer hervortretenden Säulen ist ganz mit Kalk abgeputzt und mit einer garstigen braungelben Farbe übermalt. Neben demselben liegt aber, durch Schwibbögen verbunden, das fast eben so große Schloß der Kaiserin Katharine, welchem sie den seltsamen Namen Eremitage gab. Mit diesem Schloß und dem französischen Hause, welches wir bewohnen, hat die Kaiserliche Residenz längs der Newa eine Front von achthundert Fuß. Man behauptet, daß in derselben sechstausend Menschen leben, und fabelt sogar von Schafen und selbst Kühen, die auf ihren Dächern gehalten werden.

Bekanntlich brannte der Winterpalast mit allen Kunstschätzen, die er enthielt, ab und wurde von Kaiser Nicolaus in Zeit von einem Jahre wieder erbaut. Die Räume mußten den ganzen

Winter hindurch geheizt werden, um den Mörtel beim Bau in fließendem Zustande zu erhalten. Ein großer Saal stürzte denn auch ein, nachdem ihn der Kaiser eben verlassen. Auch hier entschied der Wille des Kaisers, der Palast steht fertig. Er hat eine sehr schöne Treppe und ist insofern prachtvoll, als er eine unglaubliche Reihe großer Säle enthält. Einer hat zweihundert Fuß Länge. Die innere Ausschmückung läßt freilich viel zu wünschen übrig. Fast Alles ist weiß mit Gold, oft nur angetünchte Wände, denen aber die kolossalen, zum Theil sehr schönen Gemälde russischer Siege Schmuck verleihen.

Sehr schön und prachtvoll sind dagegen die Gemächer, welche die Kaiserliche Familie nach der Newa und dem Admiralitätsplatz zu selbst bewohnt, namentlich die der Kaiserin-Mutter. Es scheint, daß der Sohn Alles hervorgesucht hat, um ihr hier im Norden einen gemüthlichen, reizenden Aufenthalt zu verschaffen. Die Gemälde und Skulpturen sind die kostbarsten Meisterwerke aller Länder. Die Aussicht durch die wohlverwahrten Fenster mit großen Spiegelscheiben ist die prachtvollste, die man hier haben kann. Ein

Wintergarten mit rauschenden Fontainen schließt die schöne Zimmerreihe ab.

Darüber im zweiten Stockwerk liegen die Gemächer des Kaisers, ebenfalls sehr logeable, aber ohne große Pracht ausgestattet. Man sieht hier viele Erinnerungen an Berlin und den hochseligen König, den der Kaiser besonders hoch hielt. Hier hängen die großen Krüger'schen Bilder der Parade von Berlin, Kalisch und eine Menge interessanter Portraits. Hier war auch der Telegraph, durch welchen des Selbstherrschers Befehle mit Blitzesschnelle die weiten Räume seines Reiches durcheilten. Eine Wendeltreppe führt in die Gemächer der Kaiserin hinab.

Außerdem aber befindet sich im Hochparterre des Schlosses, ebenfalls an der nordwestlichen Ecke, ein einfenstriges, gewölbtes Zimmer, in welchem eigentlich der gewaltige Imperator hauste, welcher über den zehnten Theil aller Erdbewohner herrscht, für dessen Heil griechische, katholische und protestantische Christen, Muhamedaner, Juden und Heiden in vier Welttheilen beten, und in dessen Lande die Sonne nie unter, an einigen Orten aber auch ein halbes Jahr nicht aufgeht.

Hier lebte der Mann, den sein Volk liebte, den Europa haßte, weil es ihn fürchtete, den es aber wider Willen achten mußte, dessen persönliches Auftreten die wildesten Volksaufstände dämpfte, vor dessen Gebot in der ersten Cholera-Epidemie die rasende Menge auf die Kniee sank, Gott um Verzeihung anflehte und seine Rädelsführer auslieferte, dessen Wille schließlich Europa in einen Krieg verwickelte, der ihm selbst das Herz brach. Hier starb er.

Man hat dies Zimmer so gelassen, wie der Kaiser es zuletzt gesehen. Das eiserne Feldbett mit denselben Betttüchern, dem groben, persischen Shawl und dem Mantel, mit welchem er sich zudeckte, die vielen kleinen Toilettengeräthe, die Bücher und Karten von Sewastopol und Kronstadt, Alles liegt unverändert da, selbst die ganz und gar zerrissenen Pantoffeln, die er, glaube ich, achtundzwanzig Jahre getragen und immer wieder flicken ließ. Der Wandkalender, welcher täglich gestellt wurde, zeigt auf seinen Todestag. Das Bett steht quer in der Mitte der Stube, und der letzte Blick des Monarchen fiel vielleicht noch durch die großen Spiegelscheiben auf die breite, stolze Newa, der er die Fessel seiner Brücke angelegt hatte, auf die goldne Kuppel seiner Isaakskirche und auf die Sonne, die hinter dem festen Bollwerk von Kronstadt in's Meer taucht. Der Gram über den Gang der Kriegsereignisse ist die Krankheit, an welcher Kaiser Nicolaus endete. Dieser antike Charakter konnte seinen Willen nicht beugen. Er mußte sterben.

Wir gingen zur Eremitage, welche ganz neu zu einem wahren Kunsttempel restaurirt wird. Die größten Kunstschätze, die berühmtesten Meisterwerke der Malerei und Skulptur aller Lande, zwanzigtausend geschnittene Steine, eine Menge Manuscripte, Antiken, Mosaiken und Juwelen sind hier nicht wie in anderen Museen aufgestellt, sondern in einer unermeßlichen Menge Zimmern und Sälen vertheilt, deren jeder selbst ein Kunstwerk an Schönheit und Geschmack ist. Es giebt keinen berühmten Maler, der hier nicht durch eine seiner vorzüglichsten Schöpfungen vertreten wäre. Raphael, Correggio, Ruysdael und Claude Lorrain füllen ganze Säle aus, und besonders von Titian schienen mir die Bilder bewundernswerth.

Sehr merkwürdig sind die Ausgrabungen von Kertsch in der Krim, wo vierhundert Jahre v. Chr. griechische Cultur blühte, bis die skythischen Völker sie vertilgten, und die goldne Horde der Tartaren nachmals lagerte. Es sind Sarkophage und goldne Schmucksachen von der feinsten Arbeit. Man fand unter Anderem ein männliches Skelett mit goldener Krone. Das Gebiß war bis auf einen Zahn complet. Die Gemahlin des Mannes, die sich wahrscheinlich hatte erdrosseln lassen, war neben ihn gebettet. Unter ihren Schmucksachen befindet sich eine zierliche, goldene Urne, auf welcher sehr schön, in Relief gearbeitet, der Gemahl abgebildet ist, wie ihm ein kolchischer Dentist einen Zahn ausbricht.

Ich erlasse Dir die Beschreibung sonstiger Herrlichkeiten. Man hätte Wochen nöthig, um Alles zu besichtigen.

Nach dem Frühstück besuchten wir noch die große Artillerie-Werkstätte, und gegen Abend fuhr der Prinz nach Peterhof zurück. Ich werde bis zur Abreise nach Moskau hier bleiben.

Bei Sonnenuntergang bestieg ich mit dem Erbprinzen von Hohenzollern noch den Admirali-

tätsthurm, von wo man einen prachtvollen Blick
über die ganze Stadt, die Inseln und die Newa-
Arme hat. Es fehlt nur überall der Hintergrund,
da die Gegend so vollkommen flach ist. Man
erblickt jenseits der gewaltigen Häusermasse nur
einen schwarzen Streifen Meer, aus welchem die
hohen Rauchsäulen zahlreicher Dampfschiffe emporsteigen. Der Vordergrund aber ist glänzend genug. Nach dem Thee schrieb ich noch bis gegen
ein Uhr.

Freitag, den 22. August.

Es ist Gottlob wieder klare Luft, nur kalt und windig.

Mir gerade gegenüber, jenseit des Stromes, erhebt sich auf einer abgesonderten, kleinen Insel die Paulsfestung mit ihren hohen Mauern und Zinnen aus Granit. Sie ist ein bastionirtes Fünfeck mit verschiedenen Außenwerken. Diese Festung kann im Mittelpunkte der Stadt zur Vertheidigung von Petersburg Nichts beitragen. Sie spielt aber dem Winterpalast gegenüber dieselbe Rolle, wie die Engelsburg beim Vatikan, nur daß die Verbindung hier zu Wasser, dort durch den gewölbten Bogengang hergestellt ist. In der Mitte der Festung liegt die Kirche, in welcher seit Peter dem Großen alle Kaiser von Rußland bei-

gesetzt sind, wie in Moskau alle Czaren bis auf
ihn. Dreihundert Fuß hoch erhebt sich über dieser
Kirche die mastbaumartig dünne Spitze des Thurmes. Sie soll zehntausend Dukaten Gold tragen,
ist aber so schief geworden, daß sie jetzt mit einem
gewaltigen Baugerüst umgeben ist. Alles bedarf
auf diesem sumpfigen Boden und in dem abscheulichen Klima fortwährender Reparatur.

In der Festung sollen auch die ungeheuren
Baarvorräthe untergebracht sein, welche die Sicher-
heit für das circulirende Papiergeld gewähren.
Ich habe sie aber nicht gezählt. Im Verkehr
sieht man nur Scheine, selten Silber. Platina
wird gar nicht mehr gemünzt, die Produktion
hat sehr abgenommen, und der Werth dieses
Metalles ist zu unsicher, um als standard gelten
zu können. Das Platina ist in diesem Augenblick viermal so theuer als vor zwanzig Jahren.
Dagegen steigt die Goldproduktion immer noch
und gewährt der Regierung und einzelnen Pri-
vaten, zum Beispiel den Demidoff's, ungeheure
Einnahmen.

Sonnabend, den 23. August.

Regentag. Vormittags geschrieben und dann nach Gostinoy Dwor, einer großen zweistöckigen Karawanserai, mit überwölbten Gängen und lauter einzelnen Gewölben, in denen die Kaufleute ihre Waaren niederlegen und feilbieten. Nachts wohnt Niemand hier. Kein Feuer darf angezündet werden, nur eine der Lampen unter dem Heiligenbild in jeder Zelle. Auf diese passen dann die Heiligen selbst auf, daß kein Schaden geschieht.

Ich kaufte etwas goldgesticktes Leder und Thee, welcher über Kiachta zu Lande durch Sibirien nach Rußland geht. Dieser sogenannte Karawanen-Thee bewahrt den feinen Geschmack, welcher bei jeder längeren Seereise verloren geht. Die Preise sind von zwei, drei und vier Rubel Silber bis zu dreißig und fünfzig pro Pfund. Wie ein Thee fünfundzwanzigmal so kostbar sein kann, als ein schon sehr guter, weiß ich nicht. Bei Hofe wird er nur bis zu fünf Rubel bezahlt und dann mit grünem Thee zu vier gemischt.

Sodann sah ich mir noch das neue Michaelowski'sche Palais an, äußerlich wohl das geschmackvollste und schönste Gebäude in Petersburg. Es gehört jetzt der Großfürstin Katharine\*). Im Innern wurden neue Parquets gelegt, man konnte daher nichts sehen.

Dann fuhr ich nach dem alten Michaelowski'schen Samok, welchen Kaiser Paul festungsartig erbaute, als er seine Unterthanen zu fürchten angefangen. Er bewohnte es nur noch drei Monate. Jetzt ist die Ingenieur-Akademie dort untergebracht, und man zeigte mir die sehr schönen

\* Tochter des Großfürsten Michael und der Großfürstin Helene, geb. 1827, und vermählt mit Georg, Herzog von Mecklenburg-Strelitz.

Festungsmodelle, von welchen Sewastopol, Kronstadt, Sweaborg und Bomarsund interessant geworden sind. Das Modell von Sewastopol zeigt das Projekt, wie man diesen Ort befestigen wollte. Man versicherte mich, daß beim Anrücken der Engländer und Franzosen mit vierzigtausend Mann nach der Schlacht an der Alma die Schiffervorstadt ohne alle Befestigung war. Da die Garnison damals nur sechzehntausend Mann zählte, so unterliegt es keinem Zweifel, daß, wenn die Alliirten von diesem Zustande Kenntniß hatten, sie sich leicht im Besitz hätten setzen können. Auch das große Werk an der Nordseite war keineswegs sturmfrei.

Im Vorbeifahren besuchte ich die Kirche der Kasan'schen Mutter Gottes, bekannt wegen ihres ungeheuren Reichthums an gediegenem Silber. Die Vorliebe der Russen für Säulen hat sich hier recht ein Genüge gethan. Nicht nur hat man die große Colonnade von St. Peter in Rom nachgeahmt, sondern auch im Innern einige vierzig Granitsäulen aus einem Stück aufgestellt. Da hierfür durchaus kein Platz war, und obgleich für die Säulen nichts zu tragen ist, als ihre eigenen

Capitäler, so hat man sie in doppelter Reihe gesetzt, ein rechter embarras de richesse.

Abends besahen wir mit dem Prinzen die Kaiserliche Bibliothek.

Es war heute ein Tag, wie wir ihn im November haben, man wird ganz melancholisch dabei.

Sonntag, den 24. August.

Unsere Ausflucht ging heute nach der Berg-Akademie, wo man uns die in schönen Sälen aufgestellten Bergwerksmodelle, sehr schöne Mineralien, Edelsteine und Perlen zeigte, unter anderen den größten Goldklumpen, der bisher gefunden und hundertfünfzigtausend Rubel werth ist, dann ein Stück Aquamarin, fast einen Fuß lang und drei Zoll dick, von noch höherem Werthe.

Von dort fuhr ich nach dem Hause, welches Peter der Große zuerst erbaute, als er Petersburg gründete, und lange bewohnte. Es ist ein ganz kleines Haus aus Balken, roth angestrichen

und mit Schindeln gedeckt. Die Fenster sind mit
Blei gefaßt. Ein Lehnstuhl und verschiedene
Utensilien, besonders aber der erste Kahn wird
gezeigt, mit welchem der Kaiser den Ladoga-See
befuhr und welcher der Großvater der russischen
Flotte genannt wird. Das Ganze ist durch ein
Haus überbaut, um es für alle Zeit zu schützen.

Dann fuhren wir nach der schönen Smolnoi-
Kirche, die heller und geräumiger ist, als alle
übrigen. Die Heiligenbilder sind mit Diamanten
und Juwelen von großem Werthe geschmückt.
Mehrere palastartige Gebäude sind zur Aufnahme
von adligen Fräulein bestimmt; da die jüngste aber
vierzig Jahre alt ist und sein muß, so verweilten
wir nicht allzu lange, sondern besuchten noch den
Sommergarten, in welchem am Mai-Tag die
heirathsfähigen Russinnen erscheinen, um dort
von Ehestandskandidaten geschaut und vielfach
heimgeführt zu werden. Das schönste an diesem
Garten ist das prachtvolle Eisengitter, welches
ihn nach den Quais zu abschließt, und eine Statue
des berühmten Fabeldichters Krylow, auf deren
Piedestal alle Thiere in launigster Weise in
Bronze dargestellt sind.

Um das Gehen nicht ganz zu verlernen, machten wir noch eine Promenade nach der Reiterstatue Peters des Großen durch das Morskoi und den Newa-Prospekt. Es war zum Gehen sehr schön, aber kaum mehr als neun Grad Wärme, und ich habe vollständige Wintertoilette gemacht.

Morgen fahren wir hundert Meilen gen Süden, kommen aber immer noch nicht südlicher als Memel, dem nördlichsten Punkte unseres Vaterlandes. Dennoch hoffe ich auf etwas besseres Klima.

Wir fuhren Vormittags nach dem berühmten Kloster Alexander Newski, welches mit seinen vielen zugehörigen Häusern und Kapellen, von Wassergräben und Mauern umgeben, ein burgartiges Ansehen hat. Das Kloster ist eine sogenannte Lawra, deren es in Rußland nur drei giebt, dies, das Dreieinigkeitskloster in Moskau und das Höhlenkloster in Kiew. Das in Petersburg ist dem Range nach nur das dritte, aber Sitz des Metropoliten.

Ein Archimandrit führte uns selbst herum. Man zeigte den Sarg des Großfürsten Alexander,

der an der Newa einen Sieg über die Schweden und die Schwertritter gewann. Der Sarg ist aus fünftausend Pfund Silber verfertigt. Prinz Hohenzollern und General Schreckenstein, als Katholiken, küßten die Reliquien.

Dann führte man uns in eine Kapelle, wo unglaubliche Schätze angehäuft sind. Bischofsstäbe mit Juwelen übersäet, Gewänder und Stola's von Goldstoff mit Perlen bedeckt, kurz Millionen in Geschmeiden.

Endlich besuchten wir den Kirchhof mit dichtgedrängten Leichensteinen und die Begräbnisse der Colstoj, Samoilof, Demidoff, Bariatinski, kurz der reichsten Familien, denn die letzte Ruhe kostet hier dreitausend Rubel. In einer Ecke lag ein einfacher Stein mit der Inschrift: „Hier liegt Suworoff", welche der Fürst Italijski selbst angeordnet hat. Es brauchte nichts hinzugefügt zu werden.

Vom heiligen Alexander fuhren wir einen weiten Weg um die Stadt, an der ausgedehnten Kaserne der Linien-Kosaken vorbei, nach dem einzigen Nonnenkloster der Stadt, dessen Namen ich aber nicht weiß. Mit den Novizen sind hier hundertfünfundzwanzig Jungfrauen, welche eine strenge Clausur haben und nie aus dem Kloster herauskommen.

Die Jgumena oder Aebtissin empfing uns selbst sehr artig. Der Gottesdienst wird von Männern abgehalten, aber die Nonnen singen zum Eingang. Da erschienen nun die ganz und gar schwarz gekleideten armen Geschöpfe jeden Alters, meist alle häßlich, mit tartarischer Gesichtsbildung, aber zum Theil schönen Augen. Die Novizen tragen eine spitze, die Nonnen eine cylindrische, schwarze Haube, den schwarzen Schleier und lange schwarze Gewänder. Eine derselben dirigirte den Chor mit einem kleinen, schwarzen Stabe. Es ist nicht zu sagen, was für prächtige Kirchengesänge man hier hört. Es waren sehr schöne Stimmen, darunter so tiefe Altstimmen, daß man Männer zu hören glaubte. Ich habe nie etwas Schöneres gehört, als diese alten Kirchengesänge.

Die Nonnen erhalten zwanzig Papierrubel jährlich, also weniger als bei uns irgend ein Dienstmädchen. Alles übrige müssen sie durch ihrer Hände Arbeit verdienen. Sie sticken und malen, und in der Kirche hängen recht hübsche Heiligenbilder von ihrer Hand.

Nach dem Frühstück machte ich mit General Schreckenstein Besuche bei Graf Liewen und Fürst Gortschakoff und fuhr dann nochmals nach der Isaakskirche. Je mehr man sie sieht, je prachtvoller erscheint sie. Die kolossale Größe der Bronzereliefs in den Giebelfenstern wurde mir recht deutlich. Ein Mann, der dort etwas repariren sollte, hatte dem Christuskindlein einen Strick um den Hals geworfen, an welchem er seinen schwebenden Sitz hinaufzog. Er war nur halb so groß, als dieser Säugling im Schoße seiner Mutter. Wunderbar schön sind die großen Heiligenbilder an der Ikonostase und dazu sämmtlich von Mosaik. Links eine Mutter Gottes mit dem Christuskinde, etwas Schöneres kann man gar nicht sehen. Das blonde Kind im weißen Hemdchen streckt seine Arme gegen die Beschauer aus, und in seinen dunklen Augen leuchtet der Ernst seiner großen Sendung. Daneben steht in vollem Harnisch Alexander Newski, dann die heilige Katharine, rechts ein Christus mit der Weltkugel, der heilige Isaak Dalmaticus

mit dem Bauplan der Kirche in der Hand, und
noch ein Heiliger. Die Zeichnungen sind wahre
Meisterstücke. Zwischen jedem Bilde steht eine
wohl vierzig Fuß hohe Malachitsäule, acht an der
Zahl. Den Eingang zur Kaiserpforte bilden die
beiden unschätzbaren Säulen von lapis lazuli
mit goldenen Capitälen. Sehr schön sind die
beiden Nebenkapellen in Marmor und Malachit,
weiß und grün. Die Treppenstufen sind aus
rosso antico. Das Getäfel des Fußbodens
zeigt Giallo, Porphyr und einen genuesischen,
grünen Marmor, welcher dem verde antico sehr
ähnlich ist.

Nach Tische, um sieben Uhr, machten wir
noch eine weite Spazierfahrt. Es halten nämlich vom Morgen bis zum Abend sechs bis acht
Wagen angespannt vor der Thür. Gegangen
wird hier gar nicht, die Entfernungen sind auch
zu groß.

Wir fuhren nach den Inseln nördlich der
Stadt, Petrofski, Christofski, Jelagin und Kamennoi Ostrow. Bei schon untergehender Sonne
zeigte sich hier die Landschaft ungemein lieblich.
Die breiten Stromarme sind am Ufer mit zier-

lichen, hölzernen Häusern mit Gärten eingefaßt. Dunkle Tannen und Hängebirken walten vor, aber auf Jelagin giebt es auch recht schöne Eichen. Wir besuchten ein prachtvolles Landhaus des Fürsten Bjelofersti und die Kaiserlichen Schlösser und kehrten erst beim Dunkelwerden zurück. Die Tage sind hier noch bedeutend länger als bei uns.

Sehr hübsch ist der Blick aus meinen Fenstern auch des Nachts, wo die Quais durch Gas und die beiden Brücken, die ich übersehe, mit zahlreichen Lampen erleuchtet sind. Es geht aber auf zwölf Uhr, und ich muß schließen. Morgen kommt der Prinz zur Stadt.

Montag, den 25. August.\*

Um ein Viertel elf Uhr Vormittags ging es mit einem Extrazug nach Moskau. Die Entfernung ist sechshundertundfünf Werst oder siebenundachtzig Meilen, und da wir zweiundzwanzig Stunden dazu brauchten, so ist die Schnelligkeit eine sehr mäßige. Der Kaiser fährt in vierzehn

\* Da der Brief vom 24. August noch aus Petersburg datirt und dieser vom 25. schon aus Moskau, trotzdem die Fahrt zwischen der einen und der andern Stadt zweiundzwanzig Stunden gedauert hat, so ist anzunehmen, daß der Graf diesen Brief zum Theil nach unterwegs gemachten Notizen zusammenstellte, denen er dann unter demselben Datum Eindrücke hinzufügte, die sich erst auf den folgenden Tag beziehen.

Stunden, also sechs Meilen die Stunde, was ebenfalls nicht viel ist; auf der Great Western sind wir zwölf Meilen in der Stunde gefahren. Man thut aber sehr wohl, hier solche Leistungen nicht zu fordern, und es ist gewiß eine schöne Sache, so an einem Tage von der einen russischen Hauptstadt zur andern gelangen zu können; das fühlt man erst, wenn man die Gegend sieht, durch welche man fährt.

Der Betrieb scheint aber sehr gut geregelt. Auf der ganzen Strecke liegt doppeltes Geleise. Die Bahnhöfe sind solide und selbst mit Pracht ausgeführt. Mehrere derselben enthalten Absteigequartiere für den Kaiser, die dann mit großen Spiegelscheiben versehen sind. Die Wagen sind bequem, aber sehr schwer gebaut. Die Steigungen der Bahn sind, wie in diesem Lande nicht anders zu erwarten, gering, wohl nirgends mehr, wie eins zu hundert, aber sehr anhaltend, denn die Höhe des Waldai-Rückens, welchen die Bahn durchschneidet, beträgt doch siebenhundertundfünf Fuß. Man hat die Bahn in möglichst gerader Richtung geführt, ohne sich darum zu bekümmern, daß außer den Endpunkten keine

Stadt unmittelbar berührt wird. Selbst das alte, geschichtlich so berühmte und immer noch wichtige Nowgorod hat man ein paar Meilen weit abwärts liegen lassen. „Le chemin de fer fera naître des villes." Aber warum will man die alten Städte zu Grunde gehen lassen? Au reste ils n'ont naquis que des Bahnwärterhäuser und Schlagbäume. Diese und die Werstpfähle sind die einzigen Verzierungen der unglaublich öden, unangebauten, flachen und einförmigen Gegend, die man durchzieht, sobald man die letzten, schon sehr ländlichen Häuser von Petersburg hinter sich hat. Sumpf und Erlengestrüpp, soweit das Auge reicht, verkrüppelte Fichten, selten ein Ackerfeld, noch seltener ein Dorf. Die Kirche mit der hellgrünen Kuppel und den weißgetünchten Mauern giebt dem Wohnorte von ferne immer ein gutes Aussehen. Die Häuser sind aber durchweg elende Holzschuppen ohne Gärten und ohne Bäume.

Die Dörfer haben keine geschlossene Einfriedigung, von Alleen, Vorwerken, Wirthschaftshöfen oder Schlössern sieht man nichts. Die Ortschaften erinnerten mich an den Oberharz, wo die kleinen hölzernen Häuser auch so über eine Wiese hingewürfelt sind, als ob sie aus dem Sieb gefallen wären. Das Auge hungert nach etwas Terrainbewegung, und so erscheint der Wolchow-Fluß überraschend hübsch. Man überschreitet ihn auf einer Gitterbrücke von beträchtlicher Länge in bedeutender Höhe. Große, ungeschlachte Kähne ziehen, vom Peipus-See und aus Nowgorod kommend, auf diesem Fluß, der beinahe die Breite der Elbe hat, nach dem Onega-See und so nach Petersburg, um dieser vielbedürftigen Hauptstadt einen Theil des Brennholzes zuzuführen.

Noch erstaunlicher in dieser endlosen Fläche ist der Uebergang über den unbedeutenden Bach, nur eine kurze Strecke weiter, der ein schmales, aber sehr tiefes Thal eingeschnitten hat. Dies wird auf einem Viadukt von reichlich tausend Schritt Länge und in einer Höhe von mindestens hundertundzwanzig Fuß überschritten. Die enormen Pfeiler sind zwar auf Ziegelsteinen fundamentirt, dann aber mit Eisenblech bekleidet, wahrscheinlich weil sie aus Holz gezimmert sind. Sie sehen aus wie Kirchthürme. Ich halte das für ziemlich unsicher. Man hatte uns gestattet, den Bau von unten zu betrachten. Auf fünfhundert Stufen stieg man jenseits wieder in die Höhe. Sobald man aber diese beiden Thäler hinter sich hat, ist die alte Einförmigkeit wieder da, und nur der Gedanke, daß diese kleinen, faulen Bäche schon zum kaspischen Meere fließen, machten sie mir interessant.

Wie man auch die verschiedenen Mahlzeiten betiteln mag, so viel ist gewiß, daß wir drei Mal in aller Form zu Mittag gegessen haben, das letzte Mal um neun Uhr Abends.

General Schreckenstein, Graf Redern, Barner und ich hatten zusammen ein großes Coupé und konnten uns daher bequem einrichten. Auch muß ich gestehen, daß ich zu meiner Schande weder Twer noch die Wolga gesehen habe, weil ich fest schlief.

Am folgenden, Dienstag-Morgen ging die Sonne hinter Tannengipfeln prächtig auf. Sie beleuchtete ziemlich dieselbe Scene wie gestern, doch war der Baumwuchs schon gesunder, man sah zuweilen recht hübsche Thäler, dann kamen wir an einen schönen Eich-

wald, und plötzlich tauchten zahllose Kuppeln und
Thürme aus der Ebene auf. Wir waren in
Moskau.

Den Eindruck, den diese Stadt auf mich gemacht hat, habe ich noch nicht verdaut. Noch
immer gehe ich mit stillem Erstaunen umher.
Ich suche meine Gedanken zu ordnen und das
Fremdartige durch Vergleichung mit Allem, was
ich früher irgendwo gesehen, zu bewältigen. Wenn
ich von der hohen Terrasse des Kreml über diese
ungeheure Stadt blicke, die weißen Häuser mit
hellgrünen Dächern, von dunklen Bäumen umgeben, die hohen Thürme und zahllosen Kirchen
mit goldenen Kuppeln, so fällt mir bald der
Blick vom Hradschin auf Prag, bald der von
Buda auf Pesth oder vom Monte reale auf Pa-
lermo ein. Dennoch ist hier alles anders, und
der Mittelpunkt dieser ganzen Welt, der Kreml,
ist mit gar nichts zu vergleichen. Diese fünfzig
bis sechzig Fuß hohen, weißen Mauern mit ihren
gezackten Zinnen, die riesenhaften Thorthürme,
das gewaltige Schloß der alten Czaren, die Residenz des Patriarchen, der Glockenthurm des
Jwan Weliki, die vielen, seltsamen Kirchen

bilden ein Ganzes, welches in der Welt nicht zweimal vorkommen kann.

Wir haben die ersten Tage mit Visiten und Besichtigung der unermeßlichen Räume des Kreml zugebracht. Man hat dem Prinzen drei Häuser eingeräumt. Ich wohne aber recht eng mit ihm im Palais der Fürstin Trubetzkoj, welche selbst auf ihre Güter gezogen ist.

Donnerstag, den 28. August.

Die Stadt Moskau nimmt an, daß der Kaiser noch nicht da ist. Zwar behaupten einige, er halte sich seit gestern in dem eine Wegstunde von hier entlegenen Schloß Petroffkoj auf, wo er Hof halte und hunderttausend Garden mustre, aber das ist sein Incognito, offiziell ist er noch nicht da.

Die heilige Stadt rüstet sich auf den Empfang, der morgen stattfinden soll. Da hämmert und pocht es denn in allen Straßen und auf allen Plätzen. Die meisten Häuser stehen hier einzeln, in Mitte eines Gartens oder Hofes. In diesen Zwischenräumen sind große Tribünen für Zuschauer erbaut. Bei einigen derselben zählte ich dreitausend numerirte Sitze. Auch vor den Häusern selbst werden schmale Estraden mit Stühlen errichtet, alle mit Leinwanddächern geschützt, mit bunten Tüchern, Teppichen und Blumen geschmückt. Es mögen leicht ein paarmal hunderttausend Sitzplätze vorhanden sein, bei welchen kein Gedränge entstehen kann. Nur wer die wenigen Kopeken nicht bezahlen kann, der Tschornoi narod, die „schwarze Brut" des Volkes wird den beweglichen Theil der Zuschauer bilden, und die Polizei wird da zu zügeln haben.

Alle Paläste und Kirchen sind schon jetzt in ihren architektonischen Linien mit Latten benagelt, auf welchen die Lampen zur festlichen Beleuchtung angebracht werden. Der Riese Jwan, der aus fünfundzwanzig großen Glocken mitsprechen wird, trägt um seine goldne Kuppel eine aus Lampen gebildete Krone, über die das mächtige Kreuz sich strahlend erhebt, welches die Franzosen mit unendlicher Mühe und Gefahr herabgestürzt, die Russen aber siegreich wieder hergestellt haben. Zur Sühne des begangenen Frevels legten sie tausend Geschütze des gottlosen Feindes dem Jwan zu Füßen nieder, wo Graf Morny sie heute noch sehen kann.

Die halbe Bevölkerung der Stadt treibt sich auf den Straßen herum, um zu schauen, und man läßt sie auch selbst im Kreml, wo gearbeitet wird, überall zu.

Alle Tage fahren schon sechs- und achtspännige Züge, meist Dunkelschimmel und Mohrenköpfe, zwischen Petrowskoj und dem Kreml, welche die Staatskutschen der Kaiserin und Großfürstinnen ziehen werden. Sonderbarer Weise sitzen die Fahrer auf den rechten Spitzenpferden. Neben jedem Thier geht außerdem ein Garde-Reiter zu Fuß, der es am Zügel führt. Gestern trugen die Excellenzen einen furchtbar schweren Baldachin auf dicken, goldenen Stangen durch die Säle und über die Treppen des Palastes. Die Flügeladjutanten gehen daneben und erhalten ihn an goldenen Seilen im Gleichgewicht.

Die Staatswagen, wunderbare Erscheinungen vergangener Jahrhunderte, sind aus dem Halbdunkel des Arsenals hervorgezogen, wo sie jetzt achtundzwanzig Jahre ausgeruht haben. Die ältesten sind ganz ohne Federn, hängen in klafterlangen Riemen über einem Langbaum von zwanzig Fuß Länge und entsprechender Dicke, welcher so gekrümmt ist, daß die Kutsche fast bis zur Erde hinab reicht. Die der Kaiserinnen sind mit echten Diamanten und Juwelen geschmückt. Die ganz alten werden wohl kaum noch in Bewegung gesetzt werden. Da ist unter anderen noch eine Art ambulanten Hauses aus Gold, Sammet und Krystall, welches Peter dem Großen aus England zum Geschenk gemacht wurde, und gegen welches Fahrzeug ein Sechsunddreißigpfünder Kinderspiel ist. — Kurz alles ist Leben und Treiben hier, in Erwartung der Kanonenschüsse, die morgen von den alten Chorthürmen der Kremlmauer den Einzug des Czaren verkündigen sollen.

Gestern wollte der Kaiser durch's Lager der Garden reiten, die er seit seiner Thronbesteigung nicht gesehen, weil sie in Folge des Krieges nach Litthauen und Polen verlegt waren, und die jetzt hier eine Stunde vor der Stadt in einer weiten Ebene lagern. Eine feierliche Messe, der auch die Kaiserin beiwohnte, ging voran. Wir fuhren in voller Galla durch dichte Staubwolken hinaus. Der Kaiser kam mit seiner Suite geritten. Er sah zu Pferde sehr gut aus. In diesem Augenblicke fing es an zu regnen und goß nun ununterbrochen fort. Glücklicherweise konnten wir uns unter das, an der Seite offene Zelt flüchten, unter welchem der Altar stand und die Messe gelesen oder vielmehr gesungen wurde. Alle weitere Besichtigung wurde contremandirt, und wir zogen wieder nach Haus.

Abends fuhr ich nach Petrowskoj. Es liegt mitten im Walde und bietet ebenfalls eine sehr fremdartige Erscheinung dar. Das eigentliche Schloß ist ein zweistöckiges Viereck mit grüner Kuppel. Die Eingänge sind von höchst seltsamen, flaschenförmig ausgebauschten Säulen getragen, das Ganze umgiebt eine bethürmte Mauer mit Zinnen und Schießscharten. Diese roth und weiß angestrichene Festung, welche ihr Licht durch die hohen Fenster in den dunklen Wald hinausstrahlt, gleicht einer Fabel aus tausend und einer Nacht. Befestigt sind hier alle Klöster und Schlösser. Sie waren die einzigen haltbaren

Punkte, wenn die goldne Horde mit zwanzig-
oder dreißigtausend Pferden heranbrausete und
alles flache Land verheerte. Lange nachdem ihr
Joch gebrochen, bildeten die Tartaren in ihrem
Chanat in der Krim noch einen furchtbaren
Feind. Unausgesetzt schauten die Wächter von
den höchsten Zinnen des Kreml in die weite
Ebene nach Süden, und wenn dort der Staub
in die Höhe wirbelte, die große Glocke (Kolokol)
des Iwan Weliki den Nothruf ertönen ließ,
so flüchtete Alles hinter die Mauern des Czaren-
schlosses oder der Klöster, an deren Mauern die
Wuth der Reiterschwärme vergebens anprallte
und zerschellte. In die Klöster rettete sich das
Christenthum, die Wissenschaft und die Bildung
des russischen Volkes, und von ihnen ging nachmals die Befreiung von der Herrschaft der Mon-
golen und der Polen aus.

Heute nun war abermals Messe im Freien,
und fünf Bataillone erhielten neue Fahnen, die
dazu eingesegnet wurden, dann ging der Metropolit die Front entlang und besprengte die
Truppen tüchtig mit Weihwasser. Einige Leute
trieften nur so. Der Kaiser und beide Kaiserinnen

küßten nicht nur das Kreuz, sondern auch die Hand des Priesters. Dann sprengte der Kaiser vor die Front jedes Bataillons und sprach in militärischer Haltung einige Worte zu den Leuten, die mit unendlichem Jubel aufgenommen wurden. Er ritt ein wohlzugerittenes Pferd gut. Darnach ging es an der ganzen Front des Lagers, anderthalb deutsche Meilen, entlang. Die Mannschaften, vierundsiebzig Bataillone zu achthundert Mann, etwa sechzigtausend Mann, lauter alte, bärtige, schwarzbraune Gesichter, standen ohne Gewehr und in Mützen aufgestellt.

Auf das betäubende, zwei Stunden andauernde Hurrah gebe ich nichts, aber man sah es diesen alten Schnurrbärten an, wie sie sich freuten, ihren Czar zu sehen.

Der Kaiser sprach mit einigen, sie antworteten ohne Befangenheit ihrem Batuschka, dem Däterchen. In Rußland ist die Familie der Mikrokosmus des Staates. Alle Gewalt beruht auf der väterlichen Autorität. Alle Theorien der repräsentativen Verfassung sind in Rußland barer Unsinn. „Wie können menschliche Satzungen das göttliche Recht eines Vaters beschränken?" sagt der Russe. Auch ist die unumschränkte Gewalt in der Hand des Kaisers eine Nothwendigkeit und eine Wohlthat in einem Lande, wo nichts geschieht, wenn es nicht von oben befohlen wird.

Wer wie ich von der Höhe des Kreml zum erstenmale die Stadt Moskau an einem warmen, sonnigen Tage erblickt, der wird gewiß nicht denken, daß er sich hier noch unter demselben Breitengrade befindet, unter welchem in Sibirien die Rennthiere weiden und in Kamtschatka die Hunde den Schlitten über die Eisflächen ziehen. Moskau macht entschieden den Eindruck des Südens, aber zugleich den des fremdartigen, niegesehenen. Man glaubt sich nach Ispahan, Bagdad oder sonst einem Ort versetzt, in welchem die Märchen der Sultanin Scheherezade spielen.

Obwohl Moskau nicht über dreihunderttausend Einwohner zählt, so bedeckt es doch mit seinen Häusern, Gärten, Kirchen und Klöstern zwei Quadrat-Meilen. Man sieht in dieser flachen Gegend kaum noch über die äußersten

Vorstädte hinaus, und Wohnungen und Bäume erstrecken sich so weit wie der Horizont.

Keine Stadt der Welt, Rom ausgenommen, umschließt so viele Kirchen wie die heilige Stolitza Rußlands. Man behauptet, daß Moskau vierzigmal vierzig Gotteshäuser besitzt. Jedes hat mindestens fünf, einige sogar sechzehn Kuppeln, die bunt bemalt, mit farbigen, glasirten Ziegeln gedeckt sind, oder reich versilbert und vergoldet in der blauen Luft funkeln, wie die Sonne, wenn sie halb über dem Horizont emporgestiegen ist. Selbst die schlanken Thürme, welche aus der ungeheuren Masse von Häusern und Gärten zum Theil in bedeutender Höhe emporsteigen, tragen diesen glänzenden Schmuck, und auch den größeren Palästen fehlt die Zierde einer Kuppel nicht.

Die Wohnhäuser liegen fast immer in Gärten und zeichnen sich auf dem dunklen Grunde der Bäume mit ihren weißen Mauern, hellgrün oder roth angestrichenen, flachen Eisendächern in sehr bestimmten Umrissen ab. Nur der älteste Theil dicht am Kreml, die Kitai-gorod, das Chinesenviertel, bildet eine Stadt, wie wir sie kennen, wo Haus an Haus sich lehnt, von einer prachtvoll bethürmten und hier natürlich weiß angestrichenen Mauer sorglich umschlossen. Alles übrige scheint eine weite Versammlung von Landhäusern zu sein, zwischen welchen die Moskwa in weiten Krümmungen hinfließt.

Auf der Höhe des Kreml's erheben sich neben den Palästen des Czaren und des Patriarchen, die Rüstkammer des Heeres und die Heiligthümer der Kirche. Dort thronen die oberste weltliche und geistliche Macht. Die Klöster, meist an den äußersten Enden der Stadt, bilden Festungen für sich.

In der Kitai-gorod ließen sich die Kupzi nieder, der Handelsstand, der seine Schätze aus China, aus der Bucharei, aus Byzanz und Nowgorod durch Mauern zu schützen hatte. Den übrigen, bei Weitem ausgedehnteren Theil von Moskau baute sich der Adel, und lange noch, nachdem der erste Kaiser eine neue Hauptstadt auf feindes Grund und Boden errichtet, verschmähten diese die Großen des Reichs, welche den Sitten ihrer Väter anhingen.

Noch immer ist das ehrwürdige Moskau mit

seinen alten Heiligthümern und geschichtlichen Erinnerungen für jeden Russen ein Gegenstand der Verehrung und Liebe, und sobald er, oft hunderte von Meilen herbeiziehend, das goldene Kreuz auf dem Jwan Weliki von ferne erblickt, wirft er sich in Andacht und Vaterlandsliebe auf die Knie. Petersburg ist sein Stolz, aber Moskau steht seinem Herzen nahe.

Wirklich hat auch Moskau gar keine Aehnlichkeit mit Petersburg. Hier giebt es keine Newa, kein Meer und keine Dampfschiffe, nirgends eine gerade Straße, einen großen Platz oder eine Waldinsel. Aber eben so wenig hat Moskau Aehnlichkeit mit irgend einer andern Stadt. Die Kuppeln, flachen Dächer und Bäume würden an den Orient erinnern, aber dort sind die Kuppeln flach gewölbt, mit grauem Blei gedeckt und von schlanken Minarets überragt, die Häuser zeigen nach der Straße keine Fenster, die Gärten sind von todten, einförmigen Mauern hoch umschlossen. Moskau hat eben seinen Charakter ganz für sich, und wenn man diesen mit Bekanntem vergleichen will, so muß man ihn einen byzantinisch-maurischen nennen.

Rußland empfing sein Christenthum und seine erste Gesittung aus Byzanz. Es blieb bis in die neueste Zeit vom Abendland vollständig abgeschlossen und bildete das einmal Angeeignete in völlig nationaler Weise fort. Die schwere Geißel der Mongolen- und Tartarenherrschaft, welche fast drei Jahrhunderte auf diesem Lande lastete, hinderte lange jeden weiteren Fortschritt. Alle Bildung war auf die Klöster beschränkt, und von diesen ging auch nachmals die Befreiung aus. Die tartarischen Chane forderten nie den Uebertritt zum Islam, sie begnügten sich mit dem Tribut. Um ihn zu erheben, brauchten sie eine einheimische Autorität. Sie selbst stützten daher das Ansehen der Großfürsten und der Geistlichkeit, und die Gewaltherrschaft der goldenen Horde, wie sehr sie auch sonst alle Entwickelung hemmte, befestigte in den Unterdrückten den Glauben an ihre Religion, die Treue gegen ihre Beherrscher und die Liebe zum gemeinsamen Vaterlande.

Diese Züge bezeichnen noch heute das Volk, und wenn man bedenkt, daß der Kern dieser Nation, die Großrussen, sechsunddreißig Millionen

Menschen einer Abstammung, eines Glaubens, einer Sprache, die größte, homogene Masse Menschen in der Welt bilden, so wird man nicht zweifeln, daß Rußland eine große Zukunft vor sich hat.

Man hat gesagt, daß bei zunehmender Bevölkerung das unermeßliche Reich in sich zerfallen müßte. Aber kein Theil desselben kann ohne den andern bestehen, der waldreiche Norden nicht ohne den kornreichen Süden, die industrielle Mitte nicht ohne Beide, das Binnenland nicht ohne die Küste, nicht ohne die große gemeinsame Wasserstraße der vierhundert Meilen schiffbaren Wolga. Mehr noch als dies hält aber das Gemeingefühl Aller auch die entferntesten Theile zusammen.

Und für dies Gefühl nun ist Moskau der Mittelpunkt nicht nur des europäischen Kaiserthums, sondern des alten, heiligen Czarenreiches, in welchem die geschichtlichen Erinnerungen des Volkes wurzeln, und aus welchem, trotz einer zweihundertjährigen Abschweifung, vielleicht doch noch seine Zukunft hervorgehen wird.

Die gewaltsame, fremdartige Civilisation ist

nirgends in die Masse des Volkes eingedrungen. Die nationale Eigenthümlichkeit hat sich vollständig erhalten, in Sprache, Sitte und Gebräuchen, in einer höchst merkwürdigen Kommunal-Verfassung, der freiesten, selbständigsten, die es irgendwo giebt, endlich auch im Baustyl.

Von einem solchen kann freilich nur bei den Kirchen die Rede sein. In Rußland ist fast Alles neu. Was hier über hundert Jahre alt, wird als Antiquität angesehen. Das russische Wohnhaus ist von Holz und erreicht daher nie jenes Alter, es müßte denn, wie das Peter's des Großen, mit einem steinernen zum Schutze überdacht werden. Auch die Schlösser des Kaisers sind neu, und nur hier steht noch ein Rest des alten Dworez, des Czaren. Kirchen aus dem vierzehnten und fünfzehnten Jahrhundert (ein für Rußland hohes Alter) sind vorhanden, und der streng konservative Geist der Priesterschaft hat bewirkt, daß alle späteren Bauten jenen ähnlich geblieben sind.

Die St. Sophia in Constantinopel ist das Vorbild, nach welchem sämmtliche russischen Gotteshäuser erbaut sind. Sie wurde überall nachgeahmt, aber nirgends erreicht, auch nicht von St. Marco in Venedig. Es fehlte sowohl am Material, wie an Kunstfertigkeit, um einen Bogen von hundertsechsundzwanzig Fuß Spannung zu wölben. Was man in der Weite nicht erreichen konnte, suchte man in der Höhe, die Kuppeln wurden eng und thurmartig hoch. Der rohe Stein, bei kunstloser Fügung, erforderte übermäßig starke Pfeiler und dicke Mauern, in welche die Fenster wie Schießscharten schmal und tief eingeschnitten sind. Das hellste Licht fällt durch die Fenster in der dünneren Mauer, welche die Kuppeln trägt. Die meisten Kirchen sind höher, als sie lang und breit sind. Die plumpen viereckigen Pfeiler verengen den ohnehin geringen Raum. Nirgends hat man eine freie Uebersicht, und überall herrscht ein mystisches Dunkel. Die berühmtesten russischen Kirchen nehmen nur so viel Hunderte, wie ein gothischer Dom Tausende auf. Zwar sind auch jene meist von italienischen Meistern erbaut, aber sie mußten sich den einmal eingeführten, zur Regel gewordenen Formen fügen.

Wenn nun die architektonischen Verhältnisse nicht vermochten, ein großartiges Ganzes herzustellen, so suchte man die Schönheit in der Ausschmückung des Einzelnen, im Glanz und in der Pracht. Nicht zufrieden, die Kirchen von innen und außen zu vergolden, pflasterte man die Fußböden mit halbedlen Steinen und bedeckte die Bilder, welche an sich ohne künstlerischen Werth sind, mit Juwelen, Diamanten und Perlen. Nur Gesicht und Hände erscheinen gemalt, das Gewand, die Krone und alles Andere ist von vergoldeten Silberplatten, mit Geschmeide beladen.

Die Skulptur ist ganz ausgeschlossen, soweit sie die menschliche Figur darstellt, dagegen scheut die Malerei sich nicht, Gott selbst abzubilden. Der Goldgrund ist an und für sich schon unvortheilhaft für die Carnation der Gemälde, und dazu kommen noch die langgezogenen Contouren der byzantinischen und altdeutschen Schule, ohne die Innigkeit des Ausdrucks der letzteren. Riesenhafte Schreckbilder schauen oft von den Kuppeln herab, welche Maria, Christus, Johannes oder Gott den Vater darstellen sollen. Der Russe kauft kein anderes Heiligenbild, als ein ganz schwarzes oder verblichenes. Eine liebliche Madonna von Rafael oder ein schöner Sebastian von Correggio scheint ihm unecht. Sein Glaube braucht eben das Dunkel seiner Kirche, die Wolken von Weihrauch, welche bei jeder Messe das geheimnißvolle Wirken der Priester verhüllen.

Das byzantinische Element in dem russischen Baustyl ist also historisch leicht zu erklären, das maurische entstand aus dem Bedürfniß der Ausschmückung der einzelnen Theile und bezieht sich nur auf diese.

Die Gitter der Jkonostase sind mit Laubgewinden, Weintrauben und Thiergestalten durchwebt, die glatten Mauern, namentlich wo sie nicht vergoldet, zeigen Blätterwerk, Rosetten oder Rebengewinde. Wo dies nicht in Stein gehauen, wurde es aufgemalt, und wo auch diese Zeichnungen fehlen, hat man durch den Wechsel der grellsten Farben nachgeholfen. Freilich blieb man dabei weit hinter den geschmackvollen, künstlerischen Arabesken der Alhambra und des Alcazar zurück. —

Das Tollste, was je in der Architektur geleistet, ist der Jwan Blaschennoj, eine Kirche auf dem rothen Platze vor dem Kreml. Sie ist eigentlich gar nicht zu beschreiben. Dies Bauwerk steht schon auf einem ganz unebnen Grund, obschon der ebne, schöne Platz davor liegt. Sie kauert am Abhang und läßt ein Bein herabhängen. Von irgend welcher Symmetrie ist keine Spur. Sie hat keinen Mittelpunkt, und kein Theil ist dem andern gleich. Eine Kuppel sieht aus wie eine Zwiebel, die andere wie eine Ananas, eine Artischocke, eine Melone oder ein türkischer Turban. Sie enthält neun verschiedene Kirchen, jede mit ihrem Altar, Ikonostase und Heiligenschrein ausgestattet. In einigen derselben geht man zu ebner Erde, zu andern steigt man auf Treppen empor. Dazwischen führt ein Labyrinth von Gängen, kaum so breit, daß zwei Menschen sich ausweichen können. Natürlich sind alle diese Kirchen sehr eng. Die im Hauptthurm faßt kaum mehr als zwanzig oder dreißig Menschen, und dabei reicht ihr Gewölbe bis in die Spitze des Thurmes und hat sonach eine Höhe von über hundert Fuß. Diese Kirche ist innen und außen mit allen Farben des Regenbogens bemalt, versilbert und vergoldet. Die Kuppeln glänzen mit roth, grün und blau verglasten Ziegeln, und selbst die Arbeit des Steinmetz hat der Maler noch mit Farben illustrirt.

Das Ungeheuer entsprang aus dem Kopf des Ungeheuers Jwan Grosnoj, des schrecklichen Johann. Als er es durch die Kunst des Baumeisters in die Wirklichkeit übergetreten sah, war er entzückt, überschüttete ihn mit Lobsprüchen, umarmte ihn und befahl dann, ihm die Augen auszustechen, damit durch ihn kein ähnliches Meisterstück weiter entstehe. Und bei allem Bizarren macht diese Kirche doch keinen unangenehmen Eindruck. Die Originalität kann man ihr nicht absprechen.

Wirklich schön ist dagegen Alles, was von dem alten Czaren-Dworez übrig blieb. Es ist ein seltsames Gebäude von vier Stockwerken, die nach oben immer enger werden und eine Terrasse rings umher frei lassen. Der zweite Stock enthält außer der überaus reichen, aber kleinen Hauskapelle den Bankettsaal, welcher nach Art des Remters in Marienburg gebaut ist, nur daß dort eine schlanke Säule, hier ein dicker Pfeiler das ganze Gewölbe trägt. Die Eingangsthür liegt in einer Ecke, der Thron steht diagonal

Schuppenpanzern. Sie führten ihre Reiterstückchen auf, schossen vom Pferde mit ihren langen Flinten, schützten sich gegen die Verfolgung durch ihren Kantschu, deckten sich, indem sie sich seitwärts warfen, so daß sie die Erde mit der Hand berührten, andere stellten sich aufrecht in den Sattel, Alles in gestreckter Carriere und unter lautem Geschrei.

Sehr gut gefiel mir ein Regiment Drushinen, eine Reichswehr, welche auf den Kaiserlichen Apanage-Gütern ausgehoben wird. Sie trugen eine Mütze mit dem Andreaskreuz, bloßen Hals, den Kaftan des Landvolks, nur kürzer und ohne Knopf, ganz weite Hosen (das Hemd darüber, wie alle gemeinen Russen), das untere Ende der Beinkleider in den halbhohen Stiefeln. Das ist der uniformirte Mushik. Diese Tracht ist ganz national, kleidsam und praktisch. Der Mann kann den Pelz (der hier unentbehrlich ist) darunter tragen, und ich möchte voraussagen, daß die ganze russische Infanterie sich eine dieser ähnliche Tracht aneignen wird. Les proverbes sont l'esprit des peuples, und die Nationaltracht ist das Ergebniß hundertjähriger Erfahrung über das

Zweckmäßige, zugleich Kleidsame. Die österreichische Uniform ist in Mähren weiß, im Banat braun, weil die Schafe dort diese Farbe haben, der Spanier trägt die Cabarra, wie die Ziege ihm das Material dazu liefert, der Araber ist weiß von Kopf bis zu Fuß, weil die Hitze seines Klimas es verlangt, und der Mushik trägt seinen Kaftan nicht aus Laune oder zufällig, sondern weil er ihm am besten zusagt.

Das Cortège des Kaisers ist wahrhaft imposant, wohl fünfhundert Pferde.

Wenn ich nur ein besseres Gedächtniß hätte für Personen und Namen. Ich habe eine Menge interessanter Männer kennen gelernt, das heißt, ich bin ihnen vorgestellt: Fürst Gortschakoff, Lüders, Berg und Osten-Sacken, welche im letzten Kriege kommandirt haben, Orloff, Mentschikoff, Adlerberg, Liewen, den Gouverneur von Sibirien und den Kommandirenden vom Kaukasus, dann ein Heer von Flügeladjutanten, die fremden Prinzen und ihre Begleitung.

Man kann eigentlich auf einem fremden Pferde immer froh sein, wenn man, ohne Unheil

anzurichten oder zu erfahren, davon kommt. Da
kommt ein schlechter Reiter von hinten aufge-
ritten, dort stellt sich ein Gaul in die Quere, hier
schlägt eine Stute hinten, da ein Hengst vorne
aus. Es ist eine kleine Sache, allein zu reiten,
aber im Gewimmel eines solchen Gefolges, im
kurzen Trabe auf einem lebhaften Thiere, da
muß man schon die Augen auf haben. Plötzlich
hält der Kaiser an, und Alles stopft sich, oder er
nimmt eine Wendung, und jetzt ist die Verwir-
rung ungeheuer, er sprengt im Galopp vorwärts,
und Alles stürzt noch nach, während die Tête
schon wieder ein kurzes Tempo annimmt. Dabei die flatternden Fahnen, das Schmettern der
Trompeten, das Wirbeln der Trommeln und das
endlose Hurrahgeschrei. Nun will man doch auch
etwas sehen. Ich ritt einen kleinen Rappen, den
ich wohl besitzen möchte, er geht gerade wie ein
Ostpreuße, nur sehr vehement, und immer wieder
war ich ganz vorne zwischen den Großfürsten.
Ich werde aber doch ganz gut mit ihm fertig
werden, besonders wenn wir uns erst etwas mit
einander verständigen. Er verlangt ruhigen Sitz
und leichte Führung, die jedoch in der offenbaren

Gefahr aufzureiten nicht immer gewährt werden kann.

Heute Abend beim Sonnenuntergang war ich noch auf dem Kreml. „Diem perdidi" würde ich von dem Tage sagen, wo ich diesen Wunderbau während meines Aufenthaltes hier nicht besuche.

Ich stieg dann nach der Moskwa hinab und besah mir unten vom schönen Quai die gewaltige weiße Mauer, die Thürme und Thorzwinger, welche den Czarenpalast und eine ganze Stadt von Kirchen der seltsamsten Bauart umgeben. Heute Abend giebt die Stadt ein großes Fest, von welchem ich mich entbinden werde, um zu schreiben. Man nimmt so viel Eindrücke auf, daß man sie gar nicht alle verarbeiten und seine Gedanken zurecht legen kann.

Ich suche nach Verständniß für die hiesigen Bauten. In Culm in Westpreußen sah ich voriges Jahr auf dem Marktplatz ein so seltsames Rathhaus, daß es in mein Hirn gar nicht passen wollte, jetzt begreife ich, daß es moskowitischer Bauart ist. Die Schwertritter von Liefland standen mit den deutschen Rittern in Preußen in vielfacher Verbindung, und einer ihrer Baumeister mag an der

Weichsel wiederholt haben, was er an der Moskwa gesehen. An den Orient erinnern hier die Fontainen, runde, überdachte Häuschen auf den Hauptplätzen, welche fortwährend von Menschen und Thieren umlagert sind, die ihren Wasserbedarf holen. Zuerst erscheinen sie roh und ungeschickt, wenn man sie mit der schönen Bauart, der reichen Skulptur, den goldenen Gittern, den durchbrochenen Marmorwänden der Tschesmen Constantinopels vergleicht. Dann sieht man hier, ebenso wie in den Moscheen ungeheure Schwärme von Tauben, die so dreist sind, daß sie kaum den Wagen und Fußgängern Platz machen. Aus den Läden werden sie oft wie ein Volk Hühner hinausgejagt, und überall suchen sie ihre Nahrung. Niemand thut ihnen etwas zu Leide, und sie zu essen, gilt den Russen eine Sünde. Ganz besonders ist das Gostinoj-Dwor, die Kaufhalle, eine Wiederholung der orientalischen Tschurchi. In großer Ausdehnung steht eine Bude neben der andern. Die sie trennenden, schmalen Gänge sind überdacht, daher dasselbe Halbdunkel und genau auch derselbe Geruch von Leder und Spezereien, wie auf dem Missir oder egyptischen Markt in Constantinopel. Meist finden sich hier jedoch nur eingeführte, .europäische Waaren, die man bei uns besser und wohlfeiler bekommt, so daß man nicht sehr versucht ist, zu kaufen.

Wenn ich zu wählen hätte, ich würde doch lieber in Moskau wohnen, als in Petersburg.

Peter der Große fand ein Binnenland vor, ohne alle Seeküste. Er konnte das Schwarze Meer oder die Ostsee als Verbindung mit der gesitteten Welt betrachten, aber das eine oder die andere mußte erst erobert werden. Der hitzköpfige Schwedenkönig drängte ihm den Kampf nach Norden auf, und überdies war damals das südliche Meer von Barbaren umwohnt. Er soll ursprünglich die Absicht gehabt haben, seine neue Hauptstadt am Pontus zu gründen, auch, den Platz dafür bestimmt haben, und die eine Küste ist nicht viel weiter vom Mittelpunkt des Reichs entfernt, als die andere.

Wie, wenn er sein Petersburg an den prachtvollen, nie vom Wintereise versperrten Hafen von Sewastopol verlegt hätte, dicht an die paradiesischen Höhen des Tschadyr Dagh, wo die Weinrebe wild wuchert, und alles das im freien gedeiht, was an der Newa im Treibhaus gezogen wird, wo keine Ueberschwemmung mit Vernichtung droht, die Flotte nicht sieben Monate eingefroren liegt, und die Dampfkraft die Verbindung mit Europa's schönsten Ländern leichter herstellt, als vom Finnischen Meerbusen aus?!

Welche Stadt wäre Petersburg, wenn sie ihre breiten Straßen bis nach Balaklawa erstreckte und das Winterpalais über den tiefblauen Spiegel des Schwarzen Meeres blickte, wenn die Jsaakskirche auf der Höhe des Malakoff stünde, wenn Aluschta und Orianda das Peterhof und Gatschina der Kaiserlichen Familie wäre?! —

Moskau, den 29. August.

Die entrée joyeuse, bei welcher Herren und Damen im höchsten Putz eine Meile in Glaskutschen und zu Pferde zurücklegen, eine halbe Million Zuschauer auf den Schaubühnen und in den Straßen warten, die Geistlichkeit im Ornat die heiligen Gefäße und Kreuze entgegentragen und hunderttausend Soldaten paradiren, setzt unbedingt schönes Wetter voraus, wie man es in den Hundstagen auch billig erwarten darf.

Heute nun brach dieser Tag der Feier regnerisch und trübe an. Nachdem aber gegen Mittag ein Stück blauen Himmels sichtbar wurde, groß

genug for a pair of marine trowsers, klärte
sich das Wetter auf und hielt sich auch trotz
drohender Wolken bis zu Ende des Einzugs.

Schon um ein Uhr waren wir nach Petrowskoj
beschieden, denn es braucht Zeit, ehe ein solcher
Zug sich in Bewegung setzt. Ich vertrieb mir
die Zeit des Wartens mit Besichtigung der Kut‑
schen‑Ungeheuer. An dreißig waren mit sechs
Schimmeln, die der Kaiserinnen mit acht Falben
bespannt. Die Pferde waren sämmtlich über
sechs Fuß. Da die Russen mit vier bis fünf
Pferden nebeneinander fahren, so hatte man eine
Anzahl Postillone aus Preußen kommen lassen,
die gewöhnt sind, Vier lang vom Bock zu fahren
und die dafür hier fünfzig Rubel erhalten. Man
hörte russisch, englisch und deutsch wettern, als
die Thiere trotz allen Einübens, und obwohl jedes
von einem goldbedeckten Manne zu Fuß am Zügel
geführt wurde, beim ersten Anziehen der schweren
Vehikel gar nicht recht fort wollten. Endlich aber
kam alles in Fluß.

Die Geschirre sind von Gold und Seide, ge‑
puderte Kutscher, Pagen zu Pferd, Kaiserliche

Jäger, Kammerherren, Alles starrt in Goldtressen und Goldstickerei.

Weit über hundert Generale, und fast wohl eben so viele Flügeladjutanten des Kaisers, glänzten in Sternen und Bändern. Die Truppen bildeten Spalier von Petrowskoj bis an den Kreml, Mann an Mann; außerhalb der Stadt die Cavallerie in Regiments-, die Infanterie in Bataillons-Colonnen innerhalb derselben en ligne, lauter schwarzbraune, bärtige Gesichter. Das Regiment Panlowsk (in welchem alle Leute aufgestülpte Tartaren-Nasen haben müssen, weil Kaiser Paul mit einer solchen begabt war) trug die spitze Grenadiermütze von Blech, wie unser erstes Garderegiment, und wohl ein Drittheil der Mützen zeigte ein oder zwei Löcher, durch welche Kugeln gegangen waren.

Alle Fenster und Tribünen waren dicht besetzt, und da sah man die fremdartigsten Erscheinungen. Bauern mit langen Bärten, Kaufmannsfrauen, buchstäblich mit echten Perlen bedeckt, Tscherkessen in ihrer schönen Landestracht, mingrelische Fürsten, die eine Schleuder als Kopfbedeckung haben, heidnische Tartaren, budhistische

Kalmücken, europäische Diplomaten, Muselmänner, schwäbische Bauern aus Cherson und Elegants aus Paris und London.

Um drei Uhr verkündeten Kanonenschüsse, daß der Zug sich in Bewegung setze. Voraus ritten eine Abtheilung Gendarmen in hellblauer Uniform, dann die scharlachrothen Tscherkessen mit Schuppenpanzern. Hierauf folgte der Marschall im Phaëton, dann die Oberhofchargen in gläsernen sechsspännigen Kutschen. Hinter diesen ritten zwei Eskadrons Garde-Kuirassiere in blitzenden Kuirassen, die silbernen Doppeladler auf dem Helm, das erste Glied mit Lanzen bewaffnet. Nun erschien der Kaiser in Generalsuniform auf einem prächtigen Apfelschimmel, rechts neben ihm Prinz Friedrich Wilhelm von Preußen, dahinter Prinz Friedrich der Niederlande, die drei ältesten Söhne des Kaisers, die sämmtlichen Großfürsten und die fremden Prinzen, dann der ganze Schwall des Gefolges von Generalen und Adjutanten. Hierauf folgten die beiden Kaiserinnen und ihre Damen in Kutschen. Eine Abtheilung Infanterie schloß den Zug.

Bei dem endlosen Hurrah der Menschenmenge,

dem Wirbeln der Trommeln, dem Lärm der Musikcorps, dem Läuten der Glocken und dem Donner der Geschütze wurden viele Pferde sehr unruhig, und wenn nun der Kaiser anhielt, um Salz und Brod vom Magistrat zu empfangen oder vor der Kirche mit Weihwasser besprengt zu werden, wobei Alles die Helme abnahm, so entstand jedesmal ein unbeschreibliches Gedränge und Rückwärtstreten.

Indeß ging Alles wunderbar glücklich ab, und namentlich herrschte in den Straßen die musterhafteste Ordnung, obwohl man nirgends dem Volke gewehrt hatte, seinen **Batuschka** zu sehen, der nicht müde wurde, ernst aber freundlich nach einem Fenster, einer Tribüne, oder dem Volksgedränge zu grüßen.

Als wir uns dem Kreml näherten, krachten die Geschütze von seinen Thürmen, und der große „Johann" drückte seine Freude aus, indem er mit allen den Kolokols läutete, mit welchen er rings behangen ist. Da brummte die große Wetschewoi, welche einst die streitbare Bevölkerung der mächtigen Republik Nowgorod zu den Waffen rief, wenn die moskowitischen Großfürsten ihre Freiheit bedrohten, da summten in allen Tonarten und bimmelten im feinsten Diskant Glocken und Glöckchen, mit welchen der Jwan bei großen Feierlichkeiten mitspricht.

Nur eine Glocke blieb stumm, wie sie seit ihrer Geburt bei Freud und Leid stumm geblieben ist. Sie steht auf einer Granitunterlage am Fuß des großen Thurms, ein Haus von Erz mit zwei Fuß dicken Mauern. Ein Stück, welches wohl beim Guß aussprang, liegt davor und läßt einen Eingang frei, durch welchen die zwanzig bis dreißig Menschen eintreten können, die diese Glockenruine bequem aufnehmen kann.

Vor dem äußeren Thor des Kremls steht in einer zierlichen Kapelle das besonders heilig gehaltene Bild der iberischen Boshja mater, vor welcher kaum je der eiligste Geschäftsmann vorübergeht, ohne einen Augenblick hinein zu treten und sich zu bekreuzen.

Hier saß der Kaiser ab, um sein Gebet zu verrichten. Das ganze Gefolge aber ritt durch's Thor und marschirte, Front gegen die Kreml-Mauer, auf dem großen, rothen Platz Krasnoj Ploschtschad auf. Bald sprengte der

Czar heran, und nun zog man durch das Erlöserthor, das heilige spass woroto, in den inneren Hof.

Durch dies Thor geht kein Russe und auch kein Fremder, ohne die Kopfbedeckung abzunehmen, der Vornehmste und der Geringste bringt diese Huldigung dem wunderthätigen Heilandsbild über dem Eingange. Wenn plötzlich die Tartaren heransprengten, so gingen von demselben allerlei Nebel aus, die verhinderten, den Eingang zu finden, und als die Franzosen mit dem Arsenal auch das Thor sprengen wollten, riß der Thurm von oben bis an die Kryftallscheibe des Bildes, welches völlig unversehrt blieb und das ganze Gemäuer zusammenhielt.

Jenseits des Thores nun saß Alles ab, und man mußte froh sein, jetzt durch das Gedränge der losen Pferde sich auf die scharlachrothen Teppiche zu retten, um die Ankunft der Kaiserinnen und Großfürstinnen zu erwarten. Voran kam die Kaiserin-Mutter, dann die regierende Kaiserin in einem Anzug von Goldbrokat mit Hermelin. Die manteaux der Großfürstinnen waren von Sammet oder Spitzen mit Gold und Perlen, alle Hofdamen waren in dem Dir bekannten Nationalkostüm von Scharlachsammet.

In feierlichem Zuge gingen nun die Majestäten zunächst nach Uspenski Sabor, der Auferstehungskirche, der eigentlichen Kathedrale, vor welcher die hohe Geistlichkeit den Kaiser erwartete. Diese Hauptkirche, in welcher auch die Krönung vollzogen wird und die Patriarchen ihre letzte Ruhestätte finden, ist wie alle russischen Kirchen äußerst reich aber eng und finster. Die ungeheuer dicken Pfeiler nehmen den halben Raum ein, die Fenster sind schmal und tief, die Kuppeln thurmartig hoch und eng. Alle Wände und Pfeiler sind von oben bis unten vergoldet, und auf diesem Grunde die seltsamen, langgezogenen, oft ganz verzerrten Bilder der Heiligen gemalt. Oben von den Kuppeln herab blicken schreckliche Mosaikbilder, unter anderen ein alter Mann mit greisem Bart, der Niemand anders sein soll, als unser Herrgott selbst. Die enormen Schätze von Gold, Silber und Juwelen, mit welchen die Heiligenbilder bedeckt sind, übergehe ich und erwähne nur des Evangelienbuches der Natalie Narischkin, welches die

Mutter Peter des Großen geschenkt hat. Der Einband ist von Gold und soll über eine Million Rubel werth sein. Das Buch muß von zwei Priestern getragen werden, weil das Gewicht für einen zu schwer ist.

Der Kaiser bezeugte dem Hauptheiligen seine Andacht. Ganz nahe, wo ich stand, kniete er nieder, bekreuzte sich und küßte die Reliquie, dann kam die Kaiserin mit ihrer langen, von Pagen getragenen Schleppe und verfuhr ebenso.

Der durch ein schönes Eisengitter abgeschlossene Erlöserhof ist außer von einem Theil des alten Czarenpalastes ganz von Kirchen umgeben, welche die größten Heiligthümer Rußlands enthalten. Ein kurzer Zug führte die Majestäten und das ganze Gefolge noch in die Archangelski Sabor, in die Kirche des Erzengels Michael, welche die Gräber aller Czaren bis auf den ersten Kaiser umschließt, dann in die Blagoweſtſchenſki oder Verkündigungs-Kirche, die noch enger, seltsamer und reicher ist, als alle übrigen. Sie bildet ein förmliches Schmuckkästchen. Das Kreuz auf der Kuppel soll von gediegenem Golde sein, und der Fußboden ist mit Jaspis, Achat und Carniol aus Sibirien ausgelegt.

Ueberall wurde der Kaiser mit den wundervollen, russischen Kirchengesängen empfangen, und nun, nachdem er Gott die Ehre gegeben, setzte sich der ganze, prachtvolle Zug über die große Freitreppe Krasnoj Kryltzo, die mit scharlachrothem Tuch bedeckt war, nach dem alten Czarenpalast in Bewegung, welcher mit den prachtvollen Räumen des neuen, vom Kaiser Alexander hergestellten Großen Palast, Bolschoi Dworez, in unmittelbarer Verbindung steht. Da ging es denn durch die ungeheure St. Georgs-Halle, deren Wände die Namen aller Georgs-Ritter tragen, nach dem Andreassaal, welcher, dem Schiffe einer großen, gothischen Kathedrale ähnlich, von Gold auf weißem Grunde schimmert, in den ungeheuren St. Nicolaussaal, an dessen Ende der Thron steht. Im Mittelfeld des Reichswappens befindet sich das Familienwappen der Romanow und der Herzöge von Holstein, die beiden Querbalken von Oldenburg, der Löwe Norwegens, das Nesselblatt für Holstein, der Schleswig'sche Löwe, der Dithmarsische Reiter und Anderes. So ging es bis in die Kaiserlichen Wohnzimmer, deren comfortable Pracht wir schon früher beschaut, und nun war endlich um sechs Uhr Abends die ganze Feier beschlossen, und wir eilten unserem heute wohlverdienten Diner im Trubetzkoi'schen Hause zu.

Sonnabend, den 30. August.

Große Wachtparade auf dem Hofe des Kremls vor dem Kaiser. Nach derselben wurden einige Reiterstückchen aufgeführt. Abends französisches Theater.

Sonntag, den 31. August.

Wir fuhren nach dem Kloster des heiligen Dimitri Donskoj, einer vollständigen Festung mit krenelirten Mauern und Thürmen. Die Kirche ist recht schön, sehr hoch und ungewöhnlich hell. Die mit getriebenem Goldblech und Bildern wohl bis zur Höhe von hundert Fuß bedeckte Ikonostase ist von blendender Pracht. Es wurde eben Messe gelesen, und wir hatten genug von dem unzähligeMale wiederholten „gospodi pomilui", als der Priester das Brod hoch über dem Haupte durch die Kaiserpforte trug, diese sich hinter ihm schloß und durch das goldene Gitter hinter einer Wolke von Weihrauch die von Edelsteinen funkelnden Tiaren der Priester sich hin und her bewegten. Da wird geklingelt und geheimnißvoll gewirkt, aber nun stimmen die Sänger einen dieser wunderbaren Gesänge an, die man in dieser Schönheit nur in Rußland zu hören bekommt. Wer hätte hier solche Stimmen, solche Ausführung gesucht! Wir blieben regungslos stehen, bis der Gesang verstummte, die Pforten sich öffneten und der Priester dem knieenden Volke das Wunder verkündete.

Es ist heute ein sonnenheller Tag, sehr ähnlich denen, wie man sie im December fast ununterbrochen in Rom hat, nur etwas rauher. Alles geht in Mänteln und Pelzkragen, und wenn ein klein wenig Schnee käme, würde sich niemand sonderlich wundern. Bei diesem schönen Wetter fuhren wir nach den Sperlings-Bergen. Die Moskwa macht hier eine schöne Krümmung um ein anderes Kloster, das Djewitschi Monastir. Es liegt auf der weiten Mädchenwiese, wo der Kaiser nach der Krönung das „schwarze Volk" bewirthet. Jenseits lag im Sonnenschein Moskau in voller'

Pracht ausgebreitet. So erblickten nach unendlichen Leiden die Franzosen diese Stadt, welche ihnen Winterquartiere, Ruhe und Erholung bringen sollte. Drei Tage später war ein Flammenmeer über Alles ausgebreitet, und Napoleon entfloh aus dem Kreml nach Petrowskoi.

Nach dem Frühstück besahen wir die seltsamste Kirche Moskau's, die des Iwan Blashennoj, und dann die schönste Rußland's, die noch im Bau begriffene Erlöser-Kirche. Sie ist hell und groß, das läßt sich kaum von einer anderen sagen. Die Kuppel hat achtzig Fuß Durchmesser. Abends war ich zur Kaiserin-Mutter nach Alexandrinik befohlen. Dies Schloß liegt an der Moskwa noch in der Stadt, aber fast eine Meile von unserem Quartier entfernt. Es waren der Hof der Kaiserin, Prinz Friedrich Wilhelm, Prinz Hohenzollern, Adlerberg und ich geladen.

Die wenigen Personen, welche sich zur Kaiserin in ihr Zimmer setzen sollten, wurden ausdrücklich dazu aufgefordert, alles Uebrige blieb im Salon.

Ihre Majestät, in weißem Mousselin wie immer einfach, aber geschmackvoll angekleidet, saß im Fauteuil, die Füße auf einem kleinen Stuhl. Die Unterhaltung war ungezwungen. Es war allerliebst zu sehen, wie die Mama sich über ihren hochaufgeschossenen jüngsten Sohn freute, den letzten, der noch unter ihrem Dache verweilt. Bald hatte er um etwas zu bitten, bald einen Spaß zu machen, und wenn die Züge der Kaiserin stets ernst bleiben, so drücken sie doch Wohlwollen und Güte aus. Sie erinnert ganz an die Art des hochseligen Vaters.

Montag, den 1. September.

Es hat diese Nacht gefroren, und man flüchtet die Orangerieen in die Treibhäuser. Ich habe meinen Riesenofen etwas heizen lassen, denn im Zimmer sind nur sieben Grad Wärme; Du weißt, wie sehr ich diese Temperatur verabscheue.

Um zwölf Uhr fuhren wir nach Petrowskoj, wo große Heerschau war. Die Truppen standen in sechs Treffen, und der Kaiser ritt mit seiner ungeheuren Suite die ganzen Fronten entlang.

Es waren (beim Vorbeimarsch, Rotten und Regimenter wohl gezählt):

    63,560 Mann Infanterie,
     9,740 „ Cavallerie,
     1,700 „ Artillerie mit 136 Geschützen,

Summa 75,000 Mann,
nämlich das Garde-Corps und eine Division des Grenadier-Corps. Wären diese Truppen in Linie aufmarschirt gewesen, so hätten sie genau eine deutsche Meile eingenommen. Sie standen aber in Bataillons- respective Regiments-Colonne, und es war immer noch ein hübsches Stück Weges.

Die Kaiserin war in einem Zelt, vor welchem sodann vorbeimarschirt wurde, die Infanterie in Bataillons-Colonne, die Cavallerie in Schwadronen, die Artillerie in Batteriefront. Dennoch dauerte das zweieinhalb Stunde. Es war ein schneidender Wind, der uns mit Staub bedeckte, was den gestickten Uniformen sehr unzuträglich gewesen sein wird. Nach beendigtem Vorbeimarsch hatten sich die Regiments-Colonnen der Cavallerie neben einander gesetzt und bildeten dennoch eine Linie von fast zweitausend Schritt Länge, in Entfernung von achthundert Schritt den Zuschauern gegenüber. Der Kaiser ritt vor, und auf sein Commando sprengte diese Masse von fast zehntausend Pferden vom Fleck im Galopp an und machte eine kurze Attacke, bis dicht vor uns, wo Halt geblasen wurde.

Daß nach so langen Märschen die Truppen fast zur vollen Kriegsstärke ausrücken konnten, habe ich kaum für möglich gehalten.

Es ist jetzt täglich Marschallstafel auf dem Kreml und dann Theater. Heute wurde das durch einen Brand zerstörte und neuaufgebaute Opernhaus zum ersten Male eröffnet; es hat ganz die Breite wie das Berliner, nicht völlig so viel Tiefe, ist aber viel höher und hat sechs Reihen von Logen über einander. Der ganze Saal ist weiß mit viel Vergoldung und rother Draperie. Die Kaiserliche Mittelloge ist geräumig und reich, dagegen der Plafond des Hauses so dürftig und arm, daß ich glaube, er ist nicht fertig geworden und nur provisorisch hergestellt. Die Bühne ist sehr geräumig, Decorationen und Erleuchtung nur mäßig. Moskau hat noch keine Gasanstalt, es fehlt an Steinkohle, welche zwar in reichen Lagern, aber hundert Meilen von hier liegt.

Man gab die „Puritaner" von Bellini mit Lablache und der Bosio.

Dienstag, den 2. September.

Der heutige Tag ist ganz mit Repräsentationen draufgegangen. Das ganze diplomatische Corps stellte sich dem Prinzen vor. Graf Morny, Fürst Esterhazy, Lord Granville, Prinz de Ligne als Botschafter, dann die Gesandten, mit ihren sämmtlichen Attachés machten in Prachtequipagen und in Gala ihre Auffahrt. Die ganze Suite des Prinzen empfing sie ebenfalls in vollem Staat. Er wußte mit der ihm eigenen Leichtigkeit und unterstützt durch sein enormes Gedächtniß für Personen und Verhältnisse jedem das Passende zu sagen. Zur Er-

holung stiegen wir dann noch auf den großen
Hans, den Jwan Weliki, von wo man eine
weite Umsicht hat. Indeß begnügten wir uns
mit der halben Höhe, von der man alle Kirchen
und Höfe des Kreml vollständig übersieht. Was
über die Stadt hinausliegt, ist überdies nicht
schön, meist Wald. Das Diner schlug ich über
und fuhr um die schöne Mauer des Kitai Gorod
spazieren. Sie ist von ungeheurer Stärke, mit
sehr hohen Zinnen und außerdem mit Mâchecoulis
versehen, aus welchen man den Fuß der Mauer
bestreichen kann. Gewaltige Thürme springen
bollwerkartig hervor. Für Tartaren allerdings
ein unüberwindliches Hinderniß.

Heute Abend wird die langweilige „Gisela"
getanzt, dann nach zehn Uhr zum Ball des
englischen Botschafters. Morgen, schon um sechs
Uhr, geht es nach dem berühmten Troitzki-
Kloster, siebzig Werst von hier.

Mittwoch, den 3. September.

Schon um sechs Uhr früh ging es in fünf vierspännigen Wagen fort. Es war der schönste warme Tag, den wir in Rußland noch gehabt haben.

Die Gegend ist leidlich hübsch und angebaut. Auf einigen Feldern steht noch Roggen, Hafer und Buchweizen, auf anderen ist die Wintersaat schon handhoch heraus. Hier ist keine Zeit zu verlieren, denn plötzlich kann der Winter kommen. Die Dörfer bestehen aus kleinen hölzernen Häufern, haben aber fast immer eine sehr stattliche Kirche mit grüner Kuppel, so daß sie sich von fern hübsch ausnehmen. Auch die hohen Essen von Tuch- oder Zuckerfabriken fehlen selten.

Sehr überraschte mich ein ziemlich bedeutender Aquäduct, neu erbaut, um Moskau aus der Entfernung von einigen Meilen mit Trinkwasser zu versehen. Die ziemlich flachhügelige Gegend wird zuweilen durch kleine Flußthäler unterbrochen, die einige Abwechselung gewähren. Wir legten die Entfernung nach Troitzka in wenig mehr als viereinviertel Stunde zurück, obwohl es zehn deutsche Meilen sind.

Dies Kloster ist von besonderer Heiligkeit und geschichtlicher Bedeutung, da von hier aus zwei Mal die Befreiung Rußlands vom tartarischen und polnischen Joche ausging. Keine dieser beiden Nationen, noch auch die Franzosen 1812, haben es betreten. Es lag allerdings ganz aus der Richtung der Operationen des Kaisers Napoleon, die Russen schreiben es aber dem wunderthätigen Bilde des heiligen Sergius zu, der hier begraben liegt. Das Bild ist, wie mir gesagt wurde, damals auch nach Sewastopol geführt worden, hat aber freilich den Verlust dieses Platzes nicht verhindern können. In architektonischer Hinsicht ist hier nicht viel zu sehen. Das Schönste sind die sehr dicken, hohen Mauern dieser kleinen Festung mit ihren bollwerksartigen Thürmen. Sie haben dem polnischen Geschütz bei einer Belagerung widerstanden. Der Kolokol sieht einigermaßen dem Thurm der katholischen Kirche in Dresden ähnlich und enthält sehr schöne und große Glocken. Man schleppte uns noch ein paar Werste weiter nach dem Höhlenkloster, mais l'affaire ne valait pas la chandelle. Beim Abfahren rannte mein Wagen mit einem anderen zusammen. Die vier neben einander gespannten, übrigens miserablen Pferdchen sind nicht so leicht zum Stehen zu bringen und gewöhnt, gleich im Galopp davon zu gehen. Beide Iswoſtſchiks hatten den Ehrgeiz, zuerst eine schmale Brücke, ohne Geländer und nur mit zwei starken Spurbalken versehen, zu passiren, so trafen wir denn pünktlich in der Mitte dieser Brücke zusammen. Zwei Pferde stürzten in den Graben, einige Stränge waren zerrissen, die Achse meines Wagens verbogen. Dergleichen ist aber etwas

Gewöhnliches hier. Es wurde geflickt und zusammengebunden, und im Galopp ging's weiter. Um sieben Uhr Abends kamen wir zurück, dinirten, und ich hörte noch den Schluß der „Puritaner".

Donnerstag, den 4. September.

Zur Cour beim österreichischen Botschafter, Fürsten Esterhazy, der sehr vornehm eingerichtet ist. Eine solche Wohnung kostet hier zwanzigtausend Silber-Rubel auf sechs Wochen. Wir trafen Fürst Schwarzenberg, Apponyi, Chotek und viele andere österreichische Herren.

Ein Ausflug nach dem Simonoffi'schen Kloster zeigte uns wieder eine Festung am Rande der Stadt, von wo man eine prachtvolle Aussicht hat. Dann gab v. Werther ein sehr ausgesuchtes Diner: Lord Granville, Graf Kisseleff, Prinz

Gortschakoff, Adlerberg, Berg, Tolstoj, Woodhouse, Suworoff u. s. w. Letzterer ist ein prächtiger, offener Mensch; er trägt die Annunciata erblich nach seinem Vater, dem berühmten Suworoff, welchen dieser Orden zum cousin du roi erhob.

Wir fahren gleich zur Großfürstin Helene und dann zum Ball bei Lord Granville.

Freitag, den 5. September.

Um neun Uhr nach dem rothen Platz, dem geräumigen Markt, auf der Südseite von der hohen' Kreml-Mauer umschlossen. Er bildete ursprünglich das Glacis dieser Festung, und die Zinnen und Thürme des alten Czarenpalastes blicken drohend auf ihn nieder. Später siedelten sich die Kaufleute hier an, und man erblickt längs der ganzen Nordseite die schöne Façade des Gostinnoj Dwor und den großen Bazar in der chinesischen Stadt. Am Ostende erhebt sich die seltsame Kirche Blashennoj mit ihren vielen Kuppeln und Thürmen, und an der Westseite führt der Eingang durch zwei Bögen unter dem bethürmten Thorgebäude, vor welchem die iberische Mutter Gottes ihre kleine vielbesuchte Kapelle hat. In der Mitte erblickt man die Statue des Bürgers Minin, der sitzend dem Fürsten Posharski das Schwert in die Hand giebt zur Befreiung des Vaterlandes von der Herrschaft der Polen. So ist der Krasnoj Ploschtschad ein schöner, eigenthümlicher und an Erinnerungen reicher Platz Nachdem der Iwan die Stunde bezeichnet, traten unter Trompetenschall zwei reichgekleidete Herolde mit goldenen Stäben, Wappenröcken und Helmen (einer hatte leider eine Brille auf der Nase) zum Erlöserthore heraus, ihnen folgten zwanzig schöne Schimmel mit Decken vom schwersten Goldstoff, den Reichsadler an Stelle des Sattels eingewirkt. Sie wurden von prachtvoll gekleideten, mit Gold bedeckten Reitknechten zu Fuß geführt und trugen Taschen mit gedruckten Proclamationen. Zwei Schwadronen Kuirassiere mit schmetternden Trompeten schlossen den Zug, welcher an dem Erzbild Posharski's aufmarschirte. Die Herolde verkündeten die bevorstehende Krönung des neuen Kaisers aller Reußen, vertheilten die Proclamation unter das Volk und zogen dann weiter durch die Stadt.

Wir ritten in's Lager der Infanterie und Fuß-Artillerie (die Cavallerie cantonnirt). Diese Stadt aus Leinwand mit fünfzigtausend Einwohnern, mit breiten, geraden Straßen, in baumloser Ebene, ist für den Zweck sehr passend eingerichtet. Vierzehn dieser militairischen Mönche hausen in einer Zelle, sie liegen auf hölzernen Pritschen mit etwas Stroh und decken sich mit dem langen, grauen Mantel zu. Der Cornister ist ihr Kopfkissen, die langen Gewehre stehen in der Mitte des von einem kleinen Erdwall umgebenen Zeltes. Bei dem anhaltenden Regen waren diese Deiche sehr nöthig, aber das Wasser tröpfelt von oben herein. Der Juli war so kalt gewesen, daß man große Feuer anzündete, die aber der Regen oft wieder auslöschte. Jetzt ist im Gegensatz alles Staub. Jede Droschke wirbelt eine Wolke auf, als ob ein Cavallerie-Regiment vorbeigetrabt wäre, und doch wird diese trostlose Einöde noch der Kaserne vorgezogen.

Die Verpflegung ist sehr gut, der Mann erhält täglich drei Pfund eines vortrefflichen Schwarzbrodes, welches die Compagnien selbst backen, und ein halbes Pfund Fleisch. Die säuerliche Kohlsuppe und Buchweizengrütze bilden die Lieblingsspeise. Das Diner wird compagnieweise im Freien eingenommen, wo aus Brettern Tische und Bänke aufgeschlagen sind; das Wetter kommt dabei nicht in Betracht. Wenn man fragt, so versichern die Leute laut und auf einen Ruck, wie eine Bataillonsalve, daß es ihnen vortrefflich geht. Sonst sind sie still, man hört keinen Gesang noch Scherze, wie bei unseren Leuten. Am liebsten gehen sie hinter das Lager, wohin die Vorgesetzten nicht kommen, vor denen sie Front zu machen haben. Dort setzen sie sich in den ihnen so lieben Mänteln an die Erde und erzählen sich, bis die Kosaken sie forttreiben.

Die väterliche Gewalt ist die Basis aller Rechtszustände in Rußland. Ein Vater kann ungerecht und hart sein, aber das hebt sein göttliches Recht nicht auf. Der Russe muß durchaus einen Herrn haben, er sucht ihn sich, wenn er ihm fehlt. Die Gemeinde wählt sich den Starosten aus den weißen Häuptern, ohne ihn wäre

sie ein Bienenschwarm ohne Königin. „Unser
Land ist gut, aber wir haben Niemand über
uns, komm' und beherrsche uns!" war die Bot-
schaft der Gemeinen an Rurik. Und die Wa-
räger kamen aus Norwegen und herrschten durch
Jahrhunderte bis Boris Godunow, der Thron-
räuber, den letzten Enkel Rurik's in Uglitsch
durch seine Boten ermorden ließ. Der sechs-
jährige Knabe Dimitri, der richtige, keiner der
falschen, die nachher auftraten, liegt in der Erz-
engel-Kirche des Kreml, festlich geschmückt, in
seinem Sarg, der an Festtagen geöffnet wird.
Jeder Russe, der die Kirche betritt, kniet vor
dem zusammengetrockneten Körper des Kindes,
welches sein Väterchen war; und obwohl er nie
zur Macht gelangte, nimmt er noch heute die Huldigung ganz Rußlands hin. Boris, der gewaltige Herrscher, der Sieger über die Tartaren, der
Freund der Geistlichkeit, der Kirchen und Klöster
mit Gold und Juwelen füllte, konnte keinen
Platz in dieser langen Reihe von Czaren-Gräbern
finden. Wir sahen seine einsame Begräbnißstätte
im Troitzki-Kloster, wo die Geistlichen ihren
Wohlthäter außerhalb der Kirche einsargten.

Selbst sein Bild fand keinen Platz in der langen Folge von Czaren an der vergoldeten Mauer der Archangelski, wo doch selbst Jwan der Schreckliche neben dem gemordeten Sohn friedlich ruht, als wäre Nichts vorgefallen. Nur die Romanoff's stammten noch von einer letzten Tochter aus Rurik's Stamm, und eine Tochter der Romanoff's gab den Fürsten des holsteinischen Hauses das Scepter Rußland's.

Und so ist es auch beim Soldaten. Er würde ohne seinen Hauptmann in der tödtlichsten Verlegenheit sein. Wer sollte für ihn denken, ihn führen, ihn strafen? Er glaubt vielleicht von ihm, daß er ihm das Seinige vorenthält, er wird im Jähzorn von ihm mißhandelt, aber er liebt ihn darum doch mehr, als den Dentschen, der gerecht und mit Ueberlegung züchtigt. Wenn der europäische Soldat seinen Unteroffizier in betrunkenem Zustand sähe, so wäre es mit der Disciplin aus, der russische legt ihn zu Bette, wischt ihn ab und gehorcht ihm morgen, wenn er ausgeschlafen, mit derselben Treue wie zuvor.

Der gemeine Russe ist von Natur gutmüthig und friedfertig. Nie sieht man die Leute sich prügeln oder boxen. Er kennt keine Stiergefechte oder Hahnenkämpfe. Aber der Befehl seines Obern macht ihn, zwar sehr gegen Wunsch und Neigung, zum hingebendsten Soldaten. Bei der Ueberschwemmung in Petersburg ertranken Posten, weil sie nicht abgelöst wurden. Als das Winterpalais abbrannte, rettete ein Priester die geweiheten Gefäße aus der Schloßkapelle. Auf dem Corridor fand er eine Schildwache und machte den Posten auf die drohende Gefahr des längeren Verweilens aufmerksam. „Prikass!" (der Befehl) sagte der Mann, erhielt die Absolution und verbrannte.

Historische Portraits erwecken stets Interesse, selbst wenn sie an sich keine Kunstwerke sind; man glaubt in den Zügen großer Persönlichkeiten ihr Schicksal und ihre Thaten zu lesen. Wer empfände nicht Theilnahme, wenn er der Geschichte Carl's I. von England gefolgt und nun den edeln schwermüthigen Ausdruck betrachtet, den van Dyck's Meisterhand seinem Bilde in Windsor aufzuprägen verstand. So hat er auf die Hinrichtung Stafford's geblickt, und das war die hohe Stirn, welche seine Ankläger erschreckte, als er forderte, von seinen Pairs gerichtet zu werden. Wenn man das Standbild Kaiser Maximilian's in Innsbruck, das ausdrucksvolle Antlitz Carl's V., den bleichen, blonden Jüngling Philipp II. gesehen hat, so begreift man, daß die hervortretende Unterlippe sich auf die späteren Habsburger vererbte; aber seltsam ist es doch, daß diese Eigenthümlichkeit auch auf die Lothringer übergegangen ist, obwohl die schöne, edle Maria Theresia sie nicht theilte.

Hier im Djewuschka-Kloster fanden wir ein Portrait der Natalie Narischkin, der Mutter Peter des Großen. Sie war tartarischen Ursprungs, und seltsam ist die Aehnlichkeit mit dem doch kaum noch verwandten Kaiser Paul.

In dies Kloster hatte Peter seine ältere Stiefschwester und Mitregentin Sophia eingesperrt, als sie nicht aufhörte, die Strelitzen und Altrussen gegen seine Neuerungen aufzureizen. Hier hatte sie ihren Liebhaber Chubanski mit den Händen an ein Fenster nageln lassen, welches man uns bezeichnete; und hier starb sie in großer Heiligkeit. Zum Zeichen, daß eigentlich sie die rechtmäßige Herrscherin sei, trägt ihr Bild den

Doppeladler mit dem St. Georg im Mittelschild, welcher eigentlich den Czaren bedeutet, der den Unglauben besiegt.

„Voilà Rome tartare", hat Frau von Staël ausgerufen, als sie Moskau erblickte. Hätte sie gesagt Rome russe, so wäre dies weniger geistreich, aber richtiger gewesen. Moskau und sein Kreml sind gerade das Gegentheil des Tartarenthums und der greifbare Ausdruck des echten, unvermischten Russenthums.

Als ich heute auf dem schönen Granitquai die Moskwa entlang spazierte, sprach ein entlassener Soldat mich um eine Gabe an. Er mochte bei Sewastopol zum Krüppel geschossen sein, nun war er frei, d. h. sein früherer Grundherr hat keine Verbindlichkeit mehr gegen ihn, seitdem er nicht länger Leibeigner ist, und in der Gemeinde, der er vormals angehörte, hat er keinen Antheil mehr an dem gemeinsamen Landbesitz. War er verheirathet, als er unter Wehklage seiner Angehörigen zum Militär ausgehoben, als ihm das Haar abgeschoren und er abgeführt wurde, so hat der Staat seine Kinder in das Findelhaus aufnehmen lassen, sein Weib konnte gesetzlich nach drei Jahren einen andern Mann heirathen. Wenn er daher in sein Dorf am Ural oder am Weißen Meer zurückkehrt, so findet er dort nach fünfzehn Jahren, in denen Niemand von ihm gehört hat, ein neues Geschlecht und die Gräber seiner Eltern, er selbst ein rechtloser Frembling, ein Bettler, der weder arbeiten kann noch mag. Das ist die Freiheit des entlassenen Soldaten. Rußland war bisher der einzige europäische Staat, der gar kein Proletariat kannte. Infolge der höchst eigenthümlichen Gemeindeeinrichtung, in welcher Kommunismus und Socialismus seit Jahrhunderten faktisch bestehen, wo das Privateigenthum und das Erbrecht nicht gelten, konnten zwar arme Gemeinden, aber keine ganz armen Individuen vorkommen. Jeder Russe gehörte irgendwo zu Hause, und dort hatte er Antheil an der gemeinsamen Nutzung von Grund und Boden. Bei der bisherigen strengen Durchführung der fünfundzwanzigjährigen Dienstzeit blieb der Soldat in der Regel bei der Fahne bis er starb. Die wenigen Entlassenen verkümmerten unbemerkt. Nachdem aber die Dienstzeit auf fünfzehn resp. zwölf Jahre herabgesetzt ist, stellt sich die Sache sehr viel anders.

Zunächst braucht das Heer fast doppelt so viel Ersatz als früher. Da der Reichthum des Adels hier nach männlichen „Seelen" gerechnet wird, jede solche Seele ein werthvolles, steuerzahlendes Eigenthum des Grundherrn ist, so verliert dieser jetzt einen größeren Theil desselben, denn der herzzerreißende Jammer der Rekrutengestellung tritt öfter und in größerer Ausdehnung ein, als früher. Ganz besonders aber erwächst dem Lande in der sehr bedeutenden Zahl von Entlassenen, jährlich an fünfzigtausend Mann, der Stamm eines Proletariats, zu welchem die immer wachsende und schon über alle Erwartung ausgedehnte Fabrikthätigkeit das ihrige beiträgt. Arbeitsscheu und arbeitsunfähig, vielfach dem Trunk ergeben, sind diese Leute doch noch in dem Alter, um zu heirathen. Gewiß wird hier der neue Herrscher Abhülfe schaffen, aber leicht ist das nicht, denn es setzt Reformen in allen Zweigen der bestehenden Verhältnisse voraus, in einem Lande, welches die Neuerungen nicht liebt.

Da bettelte nun der Mann, der vor wenig Monaten für sein Vaterland geblutet, im Angesicht des Kremls, des Herzens dieses Reiches, das durch seine treuen, gottesfürchtigen, tapfern und Alles entbehrenden Soldaten groß wurde, besteht und bestehen wird. Wahrlich, das Paradies muß für diese hingebenden Dulder sein.

Der „frei" Gewordene in seinem langen, grauen Mantel, mit demüthig herabgezogener Mütze ging in's weite „heilige" Rußland, und wir — wir fuhren in Kaiserlicher Hofequipage zu einem opulenten Diner.

Sonnabend, den 6. September.

Der Prinz empfing heute fünfzig bis sechzig verschiedene Fürsten von Grusien, Mingrelien, Kurdistan, Tartarei, Mongolei, Kaukasien, Tscherkessien, Dagestan und so weiter, alle im Nationalkostüm, mit Juwelen und Goldstoff, persischen Mützen und reichen Waffen.

Man erzählt von einem Tscherkessen, der auf einem Ball gefragt wurde, ob seine Pistolen geladen seien, daß er antwortete: „A quoi les porterai-je, s'ils ne l'étaient pas?!" Ein Kurde, mit dem ich mich türkisch verständigen konnte, hatte auch geladen, aber er zeigte mir, daß er kein Pulver auf der Pfanne habe. Die Gesellschaft bildete einen sehr malerischen Anblick und kontrastirte mit der Assemblée des Botschafters von Sardinien, zu der wir unmittelbar darauf fuhren.

Sonntag, den 7. September.

**D**er Himmel begünſtigte die Feier dieſes Tages durch das ſchönſte Wetter. Schon um ſieben Uhr früh war die Stadt wie verödet, denn Alles war nach dem Kreml geſtrömt, deſſen Thore um dieſe Stunde geſchloſſen werden ſollten; uns öffneten ſie ſich noch um acht Uhr.

Wir fanden in den Vorzimmern der Majeſtäten eine Armee von goldgeſtickten Kammerherren, die Oberhofchargen mit ihren acht Fuß langen, goldenen Stäben und ſämmtliche Damen in der Nationaltracht. Die Farbe der Manteaux richtet

sich nach den verschiedenen Höfen: Scharlach mit
Gold, mit Silber, Blau, Amaranth u. s. w., so
daß bei der Gleichförmigkeit des Schnittes doch
eine angenehme Abwechselung waltet. Auch ist
die Ausschmückung des Kopfputzes mit Gold,
Diamanten, bunten Steinen oder Perlen dem Geschmack und Reichthum der Einzelnen überlassen.

Ein einziger Stuhl wurde verstohlen von
einigen ganz alten Damen abwechselnd benutzt,
die schon seit sieben Uhr standen und behufs ihrer
reichen Toilette vielleicht seit vier Uhr gearbeitet
hatten.

Erst um neun Uhr öffneten sich die Thüren der
Kaiserlichen Gemächer, die Schaar der Kammerherren setzte sich in Bewegung, es erschien die
Kaiserin-Mutter, unterstützt von ihren beiden
jüngsten Söhnen. Sie trug eine oben geschlossene
Krone, ganz aus Diamanten, einen Hermelinmantel aus Goldstoff, dessen Schleppe von sechs
Kammerherren getragen und welcher durch eine
prachtvolle Diamantkette befestigt war. Die schlanke
Figur, das Caméenprofil, die majestätische Haltung
der hohen Frau, der freudige Ernst ihrer Züge
riefen eine unwillkürliche Bewunderung Aller her-

vor. Sie hatte am Abend vorher ihre sämmtlichen Kinder versammelt und sie gesegnet. Es folgte der Großfürst-Thronfolger, die Großfürsten und Großfürstinnen, Prinz Friedrich Wilhelm, Prinz Friedrich der Niederlande, Alexander von Hessen und die übrigen Prinzen aus souverainen Häusern, dann das Gefolge derselben und hinter uns die Damen.

Der Zug ging durch den Alexander-Saal, die Wladimir- und die Georgs-Halle, die zusammen wohl eine Länge von fünfhundert Schritt haben mögen. Zur Linken paradirten die Schloßgrenadiere, die Chevalier-Garde, die Kurassiere mit blitzenden Panzern, Deputationen der übrigen Cavallerie-Regimenter und der Infanterie, alle mit Standarten und Fahnen und blankem Gewehr. Zur Rechten standen die sämmtlichen Offiziercorps.

Auf der Krasnoj Kryltzo, der mit scharlachrothem Tuch ausgeschlagenen großen Freitreppe, die aus dem alten Czaren-Palast in den Hof der Heiligthümer hinabführt, erwartete die Kaiserin ein Baldachin aus Goldstoff, der auf acht Stangen von Kammerherren und General-Adjutanten getragen wurde. Das Hinaustreten in die schöne Sonne war prachtvoll.

Hinter den Truppenspalieren stand das bärtige Volk entblößten Hauptes, Kopf an Kopf, aber ohne Gedränge. Der Hof ist von den drei Hauptkirchen, Himmelfahrts-, Erzengel- und Verkündigungskirche, dann vom Jwan Weliki und einem hohen Eisengitter umschlossen. Die Tribünen für Zuschauer, mit rothem Tuch ausgeschlagen, erhoben sich bis fast zur halben Höhe der Gebäude, und dort saßen Damen und Herren in ihrem besten Schmuck. Alle die zahllosen Glocken Moskau's läuteten, aber das Brummen der großen Wetschewoj, der Nowgorod'schen Riesenglocke, das Schmettern der Trompeten und der endlose Jubel der Menge in- und außerhalb des Hofes verhinderte, sie zu hören. Nur die Kanonen ließen ihre kräftige Stimme durch dies Getöse durchdringen.

Ich vermochte mich, unten angekommen, einen Augenblick umzudrehen und den langen, prachtvollen Zug der Damen die Treppe herab zu übersehen. In der Uspenski Sabor fanden wir das diplomatische Corps schon vereint und nahmen unsere Plätze auf den nur zum Stehen eingerichteten Tribünen ein, welche sich auf drei Seiten der Kathedrale erhoben. Die vierte Seite ist von der Ikonostase begrenzt, hinter welcher sich der Altar befindet. Dieser gegenüber stand auf mit Teppichen belegten Stufen der Thron mit zwei Sesseln unter prachtvollem Baldachin. Die Kaiserin-Mutter setzte sich auf einen besonders für sie eingerichteten Sessel rechts vom Thron, die Prinzen stellten sich daneben links auf.

Die Kirche ist, wie ich früher schon bemerkt, klein, nur eine geringe Zahl von Zuschauern konnte Einlaß erhalten, und es herrschte vollkommene Ordnung. Die Sonne schien klar durch die Fenster und spiegelte sich in der Vergoldung, welche alle Wände und Pfeiler bis in die oberste Kuppel bedeckt. Es war also hell, und ich stand so, daß ich in ziemlicher Nähe alle Haupthandlungen sehen konnte.

Es erschienen nun die Regalien, von den höchsten Militär- und Civilbeamten getragen, das Reichsbanner mit dem von Byzanz übernommenen Doppeladler, das Reichssiegel, eine handgroße Stahlplatte ohne weitere Handhabe oder Verzierung, das Reichsschwert, die Krönungsmäntel der beiden Majestäten, der Reichsapfel von Gold mit einem Kreuzgürtel von großen Diamanten (Severin servirte diesen Apfel auf einem drap d'or-Kissen), das Scepter mit dem bekannten Lazaref'schen großen Diamanten, der nur dem Kohinor (Lichtberg), dem Prinz-Regenten und vielleicht noch einem andern an Größe nachsteht; endlich die beiden Kronen. Die große des Kaisers wird gebildet durch einen Bügel, von vorne nach hinten aus Diamanten mit einer Reihe sehr großer Perlen besetzt; er trägt das Kreuz, in welchem ein Rubin von unschätzbarem Werthe steckt. Dieser Stein ist einen Zoll lang, etwa einen halben Zoll breit und einen viertel Zoll dick, aber unregelmäßig und nicht geschliffen. Von dem Reifen um den Kopf erheben sich dann auf beiden Seiten zwei Kapseln, die fest an den Bügel anschließen, so daß man nichts von der rothen Sammetmütze des Innern sieht. Reif und Seiten sind ganz aus Diamanten von bedeutender Größe und schönstem Wasser. In der Sonne blitzt das in allen Farben. Die Krone der Kaiserin ist ähnlich, nur kleiner, und es schien nicht leicht, sie auf dem Scheitel zu erhalten, wo sie mit Brillant-Haarnadeln festgesteckt war.

Jetzt wurde dem herannahenden Kaiser das Kreuz aus der Kirche entgegengetragen, und der Metropolit von Moskau besprengte seinen Weg mit Weihwasser. Die Majestäten verneigten sich drei Mal vor der Pforte des Heiligthums und nahmen dann ihre Plätze auf dem Thron ein, die hohe Geistlichkeit stellte sich vom Thron bis zum Mittelthor der Ikonostase auf, und der Chor stimmte den Psalm „misericordiam" an. Ueber die ergreifende Schönheit der russischen Kirchengesänge habe ich Dir früher schon geschrieben, sie werden nur durch Männerstimmen ohne Instrumental-Begleitung ausgeführt, sind sehr alt und meist im Abendland gesammelt, bleiben aber von den dürftigen Liedern der protestantischen, wie von der Opernmusik der katholischen Kirche gleichweit entfernt. Die Sänger sind außerordentlich geschult, und man hört namentlich ganz unglaubliche Baßstimmen, die in diesem nicht allzugroßen Raume von den festen Wänden und Kuppeln mit ergreifender Kraft wiederhallen.

Seitdem Peter I. das Patriarchat der Kaiserlichen Gewalt einverleibt, ist der Metropolit von Moskau der vornehmste Geistliche dieses weiten

Reiches, zur Zeit der schöne, aber schon sehr hinfällige Greis Philaretes, der schon Kaiser Nikolaus gekrönt hat. Man giebt bei den höheren Geistlichen viel auf einen kräftigen Baß; die Stimme des alten Metropoliten war kaum noch zu hören, als er den Kaiser aufforderte, sein Glaubensbekenntniß abzulegen. Sobald dies erfolgt war, wurde der Kaiser mit dem Krönungsmantel bekleidet, welcher aus dem reichsten Goldstoff besteht und mit Hermelin gefüttert ist. Er beugte sich nieder und blieb in dieser Stellung, während der Metropolit ihm die Hände auf's Haupt legte und zwei lange Segensgebete sprach. Dann ließ sich der Kaiser die Krone bringen und setzte sie sich selbst auf sein Haupt, ergriff das Scepter mit der rechten, den Reichsapfel mit der linken Hand und setzte sich so auf den Thron. Hierauf trat die Kaiserin vor ihn und kniete nieder. Der Kaiser nimmt die Krone vom Haupt und berührt damit die Kaiserin, worauf nun sie ebenfalls mit Mantel und Krone bekleidet wird und sich auf den Thron zur Linken ihres Gemahls setzt.

Es war prächtig zu sehen, wie die alte, stattliche Kaiserin-Mutter mit lebhafter Spannung allen Handlungen folgte. Dabei bemühte sich ihr jüngster Sohn stets um sie, unterstützte sie, schlug den Hermelin um sie, damit sie sich nicht erkälte. Neben mir war die Gemahlin eines nordamerikanischen Diplomaten ohnmächtig geworden, die Großfürstin Helene fiel dem Prinzen in die Arme, aber die betagte Mutter des Kaisers hielt sich standhaft. Jetzt erhob sie sich und schritt in festem Gange die Stufen des Thrones heran, die blitzende Krone auf dem Haupt, den Goldmantel nachschleppend. Hier vor den Augen der Welt umarmte sie ihren Erstgeborenen und segnete ihn. Der Kaiser küßte ihr die Hände. Dann folgten alle Großfürsten und Prinzen mit tiefer Verbeugung; der Kaiser umarmte sie. Unterdeß wurde das „Domine salvum fac imperatorem" gesungen, die Glocken aller Kirchen erklangen, und hundertein Kanonenschüsse machten die Fenster erzittern. Alle Anwesenden verneigten sich drei Mal.

Hierauf entkleidet sich der Monarch seines Kaiserlichen Schmuckes, steigt vom Thron herab und kniet zum Gebet. Nachdem er sich erhoben, knieen alle Anwesenden oder beugen sich nieder, um für das Wohl des neuen Kaisers zu beten.

In keines sterblichen Menschen Hand ist eine solche Machtfülle gelegt, wie in die des unumschränkten Beherrschers des zehnten Theils aller Erdbewohner, dessen Scepter sich über vier Welttheile erstreckt, und der über Christen und Juden, Muselmänner und Heiden gebietet. Wie sollte man nicht aufrichtig Gott bitten, mit seiner Gnade den Mann zu erleuchten, dessen Wille Gesetz ist für sechzig Millionen Menschen, dessen Wort von der chinesischen Mauer bis zur Weichsel, vom Polarmeer bis zum Ararat gebietet, auf dessen Ruf eine halbe Million gehorsamer Krieger warten, und der Europa eben erst den Frieden geschenkt hat! Möge er siegreich sein in den unermeßlichen Eroberungen, die im Innern dieses weiten Reiches selbst zu machen sind, und möge er stets eine feste Stütze der gesetzlichen Ordnung bleiben!

Nunmehr folgte das Te deum und die allerdings sehr lange Messe nach griechischem Ritus.

Nach Beendigung derselben schreitet der Kaiser die Stufen des Thrones herab, ohne den Schmuck und ohne Waffen, durch die Czarenpforte in das Allerheiligste und empfängt vor dem Altar das Abendmahl in beiderlei Gestalt, wie die Priester selbst. Die Kaiserin erhält dasselbe nach griechischem Ritus vor der Thür. Es erfolgt dann die Oelung auf Stirn, Augenlider, Lippen, Ohren, Brust und Hände durch den Metropoliten von Moskau aus einem kostbaren Gefäße. Die Bischöfe von Nowgorod und Moskau trocknen die Spuren ab. Die Majestäten nehmen ihre Sitze wieder auf dem Thron ein und legen Krone, Mantel und die große Brillantordenskette des Alexander-Newski-Ordens wieder an. Von diesem Augenblick ab sind sie die Gesalbten des Herrn, und die Feierlichkeit ist geschlossen.

Kaiser und Kaiserin besuchen nun zunächst noch die auf demselben Platz gelegenen Kirchen Archangelski und Blagoweschtschenski. Ich hatte mich auf den obersten Podest der rothen Treppe gestellt und sah, wie der junge Monarch aus der Kirche kam. Er ging vor seinem Baldachin her, Scepter und Reichsapfel in den Händen, die Krone blitzte im Sonnenschein auf seinem Haupte, der goldene Hermelinmantel schleppte weit nach auf der mit rothem Tuch beschlagenen Estrade. Ihm folgte ein endloser Zug von Herren und Damen in dem glänzendsten Aufzuge. Er grüßte

unaufhörlich nach beiden Seiten der jauchzenden
Menge zu, obwohl er den Kopf nur wenig neigen
durfte, da die schwere Krone das nicht erlaubte.
Da standen die Abgesandten von zwanzig Völker-
schaften in ihren orientalischen Kleidern, die Neu-
gierigen aus ganz Europa und die bärtigen Mu-
shiks aus dem „heiligen" Rußland. Selbst jenseits
der Moskwa stand Kopf an Kopf. Sie konnten
dort Nichts sehen von dem, was hinter den hohen
Tempelmauern vorging, aber der Jubel von innen,
das Läuten der Glocken, das Donnern der Geschütze und die Fanfaren der Musikcorps sagten
ihnen, daß ihr Czar, ihr Batuschka jetzt gekrönt
und gesalbt sei.

Der Kaiser blickte ernst, aber wohlwollend,
er schien die wahre Bedeutung der Feier ganz
zu empfinden, nicht durch die höchste irdische Pracht,
sondern trotz ihrer. Und nicht leicht wird man
etwas Glänzenderes sehen, als diese feenhafte Stadt
im Sonnenschein ausgebreitet, angefüllt mit Allem,
was reich und mächtig, von nah und fern, und
zwischen ihren ältesten Monumenten und ge-
feiertsten Heiligthümern den langen Zug, welcher
die Schätze der Kirche, die Waffen des Heeres

und die Regalien des Staates hinausträgt unter den blauen Himmel, um den neuen Kaiser zu begrüßen.

Es folgte nun das Bankett im Granowitaja Palata, dem alten Remter der Czaren. Unter dem mächtigen Thronhimmel aus Goldbrokat, ganz mit Hermelin gefüttert, standen drei Sessel für die drei Majestäten, die mit ihren Kronen, der Kaiser mit Scepter und Reichsapfel, dort Platz nahmen. Die übrigen Tische waren gedeckt, wie man es auf dem Theater sieht, nämlich nur auf einer Seite, so daß Niemand dem Thron den Rücken kehrt. Nachdem der Kaiser die Regalien abgelegt, fordert er zu trinken und leert den Becher auf das Wohl seiner getreuen Unterthanen. Jetzt ziehen sich die Gesandten rückwärts zur Thür hinaus, nur die Spitzen der Geistlichkeit und die höchsten Würdenträger nehmen an den Tischen Platz, welche mit vielen Centnern uralten Silbers bedeckt sind: Riesenhafte Pokale, Gefäße, Kannen, Schüsseln, meist sehr plump gearbeitet, aber massiv und eigenthümlich.

Mit dem Bankett und dem feierlichen Zug durch die Säle endete dann die Feierlichkeit um vier Uhr Nachmittags. Ohne einen Augenblick zu sitzen, hatten wir acht Stunden auf den Beinen zugebracht. Es waren unendliche Tische in eigens dazu erbauten Zelten und Räumen gedeckt, wir fuhren aber nach Haus und ließen uns da ein Diner gut schmecken.

Abends war die Stadt beleuchtet. Ich bin zu Wagen und zu Fuß durch das wogende Gedränge gezogen und bewunderte die Bescheidenheit, Folgsamkeit und Ruhe der Menschen. Es kann wohl kein harmloseres und gutmüthigeres Volk geben, als das gemeine Volk in Rußland.

Dort gehört Grund und Boden der Gesammtheit, die Nutznießung aber ist der Gemeinde überlassen. Diese kann ihre Feldflur weder ganz noch theilweise veräußern. In ihr kann der Einzelne nie Eigenthümer sein, sondern jedes Gemeindeglied hat mit allen übrigen völlig gleiches Recht auf Benutzung. Diese ist für Wald und Weide gemeinsam, dagegen werden Acker und Wiesen wirklich in so viel gleiche Parzellen getheilt, als männliche Gemeindeglieder eben vorhanden sind. Da nun dieser Bestand wechselt, so werden Neutheilungen in Zeiträumen von zehn bis fünfzehn

Jahren wirklich vorgenommen. Man bewahrt in den Dörfern heilig gehaltene Maßstäbe auf, die nach Verhältniß für den guten Boden kürzer, für den schlechten länger sind. Jeder Haushalt empfängt nach der Zahl seiner männlichen Mitglieder einen verhältnißmäßigen Antheil zur beliebigen Benutzung. Ecken und Winkel werden zur nöthigen Ausgleichung in der Zwischenzeit in Reserve behalten, Streitigkeiten gleicht die unbedingte Autorität der von der Gemeinde selbst gewählten Starosten oder Aeltesten aus.

Diese uralteste, noch jetzt bestehende Einrichtung hat die merkwürdigsten Consequenzen. Abgesehen von den Peloworiks oder Halbbauern, welche tschudischen (finnischen) Ursprungs, giebt es in Rußland kein Privateigenthum an Grund und Boden für Personen. Die freien Gemeinden sind Eigenthümer, die Krongemeinden Besitzer, die adligen Gemeinden Inhaber. Innerhalb der Gemeinde giebt es nur Nutznießer. Es existirt demnach für Grund und Boden kein Erbrecht. Der Sohn erbt nicht den Acker des Vaters. Er erhält seinen Antheil nicht kraft des Erbrechts, sondern kraft seiner Geburt als Gemeindeglied. Jeder

Russe ist irgendwo ansässig, und es giebt keinen Pöbel, kein Proletariat. Niemand ist ganz arm. Ein Vater kann Alles durchbringen, die Kinder erben seine Armuth nicht. Die Vermehrung der Familie, bei uns ein Gegenstand der Sorge, ist in Rußland ein Zuwachs an Reichthum. Alles drängt zur frühzeitigen Heirath. Der Einzug selbst der mittellosesten Schwiegertochter ist ein Freudenfest der Familie. Sie bringt arbeitende Hände mit, und für ihre Söhne werden schon bei der Geburt die Ackerparzellen zugelegt.

Andererseits leuchtet freilich ein, daß bei dieser Einrichtung der Ackerbau nie auf eine Stufe der Vervollkommnung gelangen kann. Wer wollte Meliorationen machen, Bäume pflanzen, Drainirungen anlegen auf einem Grundstück, welches nach fünfzehn Jahren vielleicht einem Andern gehört?!

Persönlich war der russische Bauer vollkommen frei. Der Adel ist keine ursprünglich russische Institution, er ist, wie in England, germanischen Ursprungs; die Normannen, die mit Rurik 860 herüber kamen, führten ihn ein. Aber auch sie wurden nicht eigentlich Feudalherren des Grund

und Bodens, sondern die in einem gewissen Bezirk wohnenden Bauern wurden ihnen zinspflichtig. Dieser Zins, Obrok, wurde sehr mäßig normirt und konnte nicht gesteigert werden, weil sonst die Zahler verarmten, das landwirthschaftliche Inventar zu Grunde ging und die Zahlung ganz unterblieb. Boris Godunow erst hob die Freizügigkeit 1580 auf, und in den russischen Volksliedern lebt noch die Klage über diese Beschränkung. Die Leibeigenschaft des Bauers trat aber erst im achtzehnten Jahrhundert unter Peter dem Großen ein, bis dahin waren nur Kriegsgefangene leibeigen gewesen. Der Bauer diente entweder persönlich dem Herrn in seinem Hause, oder er zahlte den Obrok und baute das Feld. Der Herr hatte für seinen Unterhalt zu sorgen, wenn er verarmte oder arbeitsunfähig wurde; er konnte ihn allerdings schon damals verkaufen, aber nicht ohne den Grund und Boden: die Unterthanen waren gleichsam ein Servitut, welches diesem anwohnte. Er verkaufte nicht das Land, sondern den Zins der Leute, die auf dem Lande lebten und denen allein die Nutznießung zustand. Der Adel selbst wohnte fast nie auf dem Lande. Nirgends erblickt man hier die Burgen und Schlösser, in welchen unsere Ritter so fest wurzelten und von denen ihre Namen noch stammen. Der russische Adel lebte und lebt noch jetzt meist in der Stadt, entweder in Moskau oder Petersburg. „On dit que j'aye de superbes terres du côté de Tomsk!" hört man sagen. Ein Flügeladjutant des Kaisers kam en mission an die Wolga, er fand die Gegend reizend, verweilte einige Zeit und erkundigte sich nach dem Besitzer; man nannte ihm seinen eigenen Namen. Es ist, wie wenn wir eine Hypothek auf ein Gut besitzen, welches wir nie gesehen und mit dessen Bewirthschaftung wir Nichts zu schaffen haben. — Peter der Große nun schenkte dem Adel die Grundstücke, ein unermeßliches Geschenk, die Hälfte alles kultivirten Landes in Rußland; indeß blieb die Nutzung den Bauern. Er riß ferner Rußland aus der Reihe der Ackerbaustaaten heraus und gründete die ersten Fabriken. Diesen wurden ganze Gemeinden zugewiesen, welche für sie arbeiteten, wogegen die Fabrik für ihre Unterhaltung zu sorgen hatte. So entstand zuerst der Gedanke, daß man einen Leibeigenen zu jeder beliebigen Leistung verwenden könne. — Ein Leibeigner erhält die Erlaubniß zu wandern, er wird ein gefeierter Künstler, ein Kaufmann und Millionär. Jetzt steigert der Herr den Obrok auf Tausende von Rubeln, er kann dem Manne das Heirathen verbieten, kann ihn auf das Gut zurückbeordern u. s. w. Die Fabrikanlagen haben seit 1825 eine ungeheure Verbreitung gefunden, ihr Betrieb zwingt zu beständiger Aufsicht, der Besitzer ist genöthigt, auf seinem Gute zu wohnen, und nun wird der Obrok in Frohndienst umgewandelt. Der Bauer erhält die Hälfte bis zwei Drittel des Feldes und muß dafür den Theil des Herrn bestellen, der vielleicht ein Parvenu ist und für patriarchalische Verhältnisse keinen Sinn hat.

Ein Jeder fühlt, daß die Leibeigenschaft, im Widerspruch mit der angebahnten Civilisation, nicht mehr fortbestehen kann, die große Schwierigkeit ist, wie sie abzuschaffen? Wollte man vierundzwanzig Millionen Adelsbauern plötzlich die Freizügigkeit wiedergeben, so würde in den minder fruchtbaren Theilen des Reiches der Ackerbau ganz zu Grunde gehen. Man hat überhaupt nur fünf Monate, in welchen gepflügt, gesäet, geerntet

werden kann, am 6. August muß schon die Wintersaat wieder bestellt sein. Der Ackerbau wird schon
jetzt gewissermaßen nur nebenher getrieben, sieben
Monate fuhrwerkt der Mann, spekulirt, handelt
oder treibt ein Handwerk. Der Feldbau wirft
nur Korn ab, und das hat in guten Jahren geringen Preis, dagegen zahlen die Fabriken einen
so hohen Tagelohn wie in England. Eine
Spinnerin verdient täglich einen Scheffel Korn
im östlichen Rußland, in Bielefeld kaum drei
Metzen. Je mehr die Fabriken zunehmen, je
schwieriger wird die Sache. Da wo sie nicht vorhanden, der Obrok gering ist, läßt letzterer sich
zum zwanzigfachen Betrage kapitalisiren und in
Grundbesitz abfinden. Wie aber soll das Recht
des Herrn an den Obrok einer ersten Sängerin,
eines Großhändlers, eines Häuserspekulanten und
Millionärs normirt werden? Allein so gut man
das Servitut bei uns abgelöst hat, muß es doch
auch hier gehen, wo man es nicht mit Individuen,
sondern mit Kommunen zu thun hat. Denn daß
man die uralte Gemeinde-Einrichtung nicht ändern
will, ist anzunehmen; trotz ihrer Nachtheile für
die Agrikultur hat sie in sozialer Beziehung die

unschätzbarsten Vorzüge und ist einer weiteren Ausbildung fähig.

Die russische Gemeinde verwaltet ihre eigenen Angelegenheiten durch selbstgewählte Obere, die Starosten, denen sie unbedingt gehorcht. Die Kaiserlichen Beamten sind leider oft von notorischer Unzuverlässigkeit und Bestechlichkeit. Der junge Kaiser hat hier schon mit kräftiger Hand eingegriffen, aber das Uebel wurzelt tief. Auf einem Unterschleif ertappt zu werden, ist ein Unglück, nicht wie bei uns eine Schande. Zu viele sind bei den Mißbräuchen interessirt. Je weniger solcher Beamten daher, desto besser.

Das Mittel zur Selbstregierung ist nicht allein den Gemeinden, sondern auch dem Adel gegeben, welcher unter seinen Adelsmarschällen von Katharina II. korporativ konstituirt ist, aber er hat bis jetzt wenig Gebrauch davon gemacht.

Kein Adel entspricht überhaupt weniger als der russische seinem eigentlichen Zweck, auf eigenen Füßen zu stehen und selbständig das Recht gegen unten und oben zu wahren. Es giebt allerdings einen wirklichen, alten Adel; die Trubetzkoi, Gagarin u. A. leiten ihre Abstammung von Rurik,

also von Odin, ab. Aber dieser Erbadel wird
bei Weitem überwogen durch den Rangadel. In
allen übrigen Ländern wird der Adel ertheilt nach
der Willkür des Monarchen, in Rußland streng
nach dem Gesetz. Jeder, welcher die fünfte Rang-
klasse erreicht, erlangt dadurch den erblichen Adel;
die Kinder des Obersten und des Collegienrathes
werden Edelleute; und noch mehr: der älteste Erbadel geht verloren, sobald der Besitzer in drei
Generationen nicht im Staatsdienst einen Tschin
oder Rang erhalten hat. Dadurch ist der Adel
ganz und gar abhängig von der Regierung, und
es kann ihm nicht leicht einfallen, irgend gegen
diese Opposition zu machen. Nicht als ob dieses
sein Zweck wäre, aber mit der Möglichkeit
fällt auch die ganze Bedeutung desselben fort.
Allerdings je kräftiger, gesunder und unabhängiger
das Volk durch seine Gemeindeverfassung konstituirt ist, je einflußreicher auch die Geistlichkeit,
je weniger kann die Regierung dulden, daß der
Adel mit seinem unermeßlichen Grundbesitz sich
ihrem Einfluß entzieht. Aber in England besteht
ebenfalls das selfgovernment der Kommune
und die Macht und der Reichthum des Adels.

Ein englischer nobleman ist Alles durch seine Geburt, der Staatsdienst thut gar Nichts hinzu. Der Discount, welcher Premierminister oder Generallieutenant ist, geht stets hinter dem Earl oder Duke, der Fähnrich oder gar Nichts ist. Ob diese Einrichtung für Rußland passen würde, kann ich nicht entscheiden, aber wo das nicht ist, da ist auch kein Adel in politischem Sinne.

Ebenso wenig giebt es hier einen Bürgerstand. Die erste Klasse der Kaufleute tritt in den Tschin des Adels; die kleineren sind Muschiks, obwohl oft Millionäre, und stehen auf derselben Bildungsstufe wie der Bauer, dem sie in Tracht und Sitte gleich bleiben. Auch die Fabrikthätigkeit ist fast ganz in den Händen des grundbesitzenden Adels.

Die Popen bilden eine förmliche Kaste, fast nur Kinder der Popen werden es wieder und heirathen (vor der Weihe und nie zum zweiten Male) nur Popentöchter. Sie sind eben so ungebildet wie der Bauer, aber dieser küßt dem Popen die Hände, als dem Träger des Heiligthums, und ihr Einfluß ist sehr groß.

Rußland zerfällt sonach eigentlich nur in zwei sehr ungleiche Theile, die Klasse der Gebildeten und "die schwarze Brut", tschorni narod, erstere zählt höchstens eine halbe, letztere sechzig Millionen Menschen.

Peter der Große konnte es nicht abwarten, sein Volk aus der Wurzel zu veredeln, er pfropfte deutsche und holländische, Katharine französische Reiser auf die Krone. Diese trägt nun ihre südlichen Früchte, der derbe und gesunde Stamm und seine weitausgebreiteten Zweige treiben die alten Holzäpfel fort.

Die plötzlich und gewaltsam eingeführte, westeuropäische Civilisation ist nirgends in die unteren Schichten der Gesellschaft eingedrungen. Eine kleine Zahl französisch erzogener, im Luxus aufgewachsener, elegant gebildeter, uniformirter und besternter Russen tritt ohne jede Vermittlung neben der an Zahl hundertfach überlegenen Masse der bärtigen, unwissenden, kräftigen, frommen und dabei gelehrigen Bevölkerung auf. Man glaubt kaum, daß der kleine, feine Kammerherr, der elegante Gardeoffizier, der das französische wie seine Muttersprache redet, gleicher Nation ist, wie der Iswoschtschik, der seine Droschke fährt, oder der Mushik, der vor seiner Thür wartet. In England sehen alle Stände äußerlich gleich aus, nicht einmal der Bauer trägt eine besondere Tracht. Dabei ist eine allgemeine Bildung durch alle Klassen verbreitet, welche die geistige Verschiedenheit ausgleicht. In Rußland stehen die Unterschiede schroff nebeneinander: Paläste neben Hütten, prachtvolle Städte in öder Gegend, eine hundert Meilen lange Eisenbahn, die zwischen Anfang und Endpunkt keine Stadt berührt, Ananashäuser, wo kein Korn wächst, Ueberfeinerung neben Rohheit. Ueberall ist die Kunst im Kampfe mit der Natur, um ihr gewaltsam abzuringen, was übermäßige Ansprüche fordern. Man muß gestehen, daß die russischen Kaiser Unglaubliches geleistet haben. Eine der prachtvollsten Hauptstädte erhebt sich über dem Sumpf der Newa, obwohl die Fluthen derselben sie zu ertränken drohen, mächtige Flotten in Meeren, die sieben Monate lang zugefroren sind, ein vortreffliches Heer geschaffen, wo jeder Mann ein zinstragendes Kapital seines Herrn ist, Museen mit den Meisterwerken aller Länder, wo das Volk hundert Meilen umher nur die schwarzen Heiligenbilder schätzt, parquettirte Fußböden, aber halsbrechendes Straßenpflaster, kurz bis in's Detail schroffe Gegensätze ohne Vermittlung.

Es entsteht die wichtige Frage, ob man auf dem von Peter I. betretenen Weg fortschreiten, die Civilisation fremder Nationen und anderer Klima's immer weiter verbreiten, oder ob man versuchen will, dies gelehrige und folgsame Volk aus sich selbst zu cultiviren.

Die Reaction gegen die seit fünfzig Jahren eingeschlagene Richtung ist von Anfang an dagewesen und hat sich in Moskau concentrirt. Sie hat sich auch in dem eben erst beendeten Kriege kundgegeben und ist nicht glücklich gewesen. Die Russen werden auch noch lange nicht ohne die Hülfe der Fremden fertig werden, namentlich nicht ohne die Beständigkeit, das Geschick und die Pflichttreue der Deutschen, denn nur langjährige und eiserne Strenge wird redliche, russische Beamten schaffen können. Vor Allem muß erst der Clerus für die Aufklärung des

Volkes gewonnen und selbst erzogen werden. Plötzlich und gewaltsam ist hier Nichts zu machen, aber das Bestreben eines Jahrhunderts wäre wohl kein zu geringer Preis für eine wirklich nationale, russische Entwicklung.

Montag, den 8. September.

Um zehn Uhr war Wachtparade auf dem Kreml und Abends Polonaisen-Ball in den prachtvoll erleuchteten Räumen des Palastes. In den verschiedenen weiten Sälen waren Musikcorps aufgestellt. Die Damen waren sämmtlich in Schleppkleidern. Es mochten wohl einige Tausend Gäste anwesend sein. Außer den reichen Militair-Uniformen sah man die Orientalen in ihrer eigenthümlichen Tracht, was dem Fest einen besonderen Charakter verlieh, während solche Bälle sonst überall gleich sind.

Im Andreassaal lagen die Regalien auf dem

Tisch, und Jeder konnte sich in unmittelbarer Nähe diese Schätze besehen. Bei einer Gesellschaft von so vielen und so verschiedenen Gästen ist das nicht gewöhnlich, ich sah sogar Einige die Gegenstände berühren.

Der Kaiser eröffnete den Ball mit seiner Mutter, tanzte dann mit der Kaiserin, den Großfürstinnen, den Botschafterinnen u. f. w.; er mag dabei wohl ein paar Werst zurückgelegt haben.

Um elf Uhr war Alles zu Ende; ich war glücklich genug, meinen Wagen zu finden, und fuhr durch die erleuchtete Stadt nach Haus.

Die Illumination wird in Ermangelung des Gases ganz aus Talglampen hergestellt. In London verwendet man nur Gas, und alle Häuser sind mit provisorischen Leitungen versehen. Hier ist das Licht natürlich weit weniger intensiv, aber sehr eigenthümlich. Im Guckkasten sieht man solche Bilder, wo die architektonischen Linien mit Nadelstichen bezeichnet sind, durch welche das Licht durchschimmert. Gerade so sahen hier die Häuser und Paläste aus. Natürlich hatte man diejenigen Gebäude vorzugsweise bedacht, welche der Kaiser sieht. Der Hof, durch welchen man anfährt und

welcher vom Arsenal und dem Senatspalast umschlossen wird, strahlte in Tageshelle. Von der
großen Terrasse vor dem St. Georgssaal war
der Anblick prächtig.

Die schönen Häuser jenseits der Moskwa
flimmerten von unzähligen Lichtern, und noch in
weiter Ferne hoben sich einzelne erleuchtete Kuppeln und Thürme aus der Häusermasse empor.
Am Eigenthümlichsten sah der Wassili-Blashen-
noj, die seltsame Kirche auf dem rothen Platze
aus, deren viele Kuppeln mit Lichtern bedeckt,
die wunderbaren Umrisse recht in's Auge fallen
ließen. Aber das Lampenlicht ist zu schwach, um
die bunten Farben hervortreten zu machen; mit
bengalischen Flammen beleuchtet, müßte die Kirche
fabelhaft erscheinen. Am Schönsten sah eigentlich der Kreml selbst von ferne aus. Die vielen
hohen Thürme und sehr schön erleuchteten weißen
Mauern hatten feenhafte Wirkung. Kein Wind
störte die Illumination, der Abend war völlig
ruhig und dabei mild. Ueberhaupt ist Alles bis
jetzt sehr glücklich gegangen.

Dienstag, den 9. September.

Heute Vormittag elf Uhr war eine Militaircour, die großen Säle waren ganz angefüllt mit Offizieren in Parade-Uniform.

Die russische Armee zählt, die verabschiedeten mitgerechnet, achttausend Generale, einige hundert waren gewiß zugegen. Der Kaiser hat allein hundertachtzig General- und Flügeladjutanten. Jeder der Geladenen ging einzeln vor, um seine Verbeugung erst dem Kaiser, dann der Kaiserin zu machen. Der Kaiser reichte uns die Hand und sprach einige freundliche Worte, ebenso die Kaiserin, der man die Hand küßte, dann ging es zum andern Ende des Saales hinaus und nach Hause. Da gewiß ein paar Tausend Offiziere nachfolgten, so fiel mir der heilige Petrus in Rom ein, dem die rechte Zehe, obwohl von Erz, halb abgeküßt ist.

Nachmittags besahen wir das Zeughaus und die schönen, dort aufbewahrten Rüstungen, so auch eine ganze Anzahl alter Throne, Kronen, Scepter und Schmucksachen.

Mittwoch, den 10. September.

Schneidend kalter Wind und Staub. Der Kaiserliche Domchor sang bei Lwoff.

Donnerstag, den 11. September.

Namenstag des Kaisers, Herren und Damen des Hofes und die Offiziercorps im Kreml versammelt, Alles im höchsten Staat. Die Herrschaften gingen in Procession durch die Säle zur Hauskirche in die Messe. Nachher hatten wir Abschiedsaudienz beim Kaiser, der uns sehr freundlich entließ.

Die Kaiserin, welche angegriffen scheint, nahm uns nicht an, dagegen die Kaiserin-Mutter auf's Herzlichste. Sie war in einem einfachen, aber kostbaren Morgenanzuge aus weißem ostindischen

Shawl mit breiter Borde und saß oder vielmehr lag auf zwei Fauteuils. Sie plauderte mit Jedem, und Alle durften ihr die Hand küssen. „Ich glaubte vor Freude und Aufregung zu sterben bei der Krönung," sagte sie, „aber ich habe Gott so viel gebeten, daß er mich aufrecht erhalten hat."

Dann hatten wir noch Audienz bei der Großherzogin von Weimar und Großfürstin Helene und beurlaubten uns bei den Großfürsten. Abends war Gala-Oper. Außer dem ungeheuren Kronleuchter in der Mitte waren fünfundneunzig Kryſtall-Kronleuchter zu sieben Lichtern vor den fünf Logenreihen angezündet, es brannten über tausend Flammen. Damen und Herren in Gala gewährten einen schönen Anblick. Man gab den „Elisire d'amore" und ein langweiliges Ballet; die Bühne war dunkel, Decorationen dürftig, aber die Cerito tanzte.

Freitag, den 12. September.

Der Tag der Abreise. Es regnet. Um zwölf Uhr kam der Kaiser, um den Prinzen zum großen Infanterie-Manöver bei Petrowskoj abzuholen. Das Thermometer stand dem Gefrierpunkt nahe, ein Sturm peitschte uns den Regen in's Gesicht. Die Truppen wateten im Koth, und in dem mehrere hundert Pferde starken Gefolge wurden Epaulettes, gestickte Uniformen und Sterne mit Erde überdeckt. Nach vier Stunden kehrten wir, bis auf die Haut durchnäßt und ganz erstarrt vor Kälte, zurück.

Nach dem Diner wurden noch Abschieds-
besuche gemacht. Der Kaiser erschien beim Prinzen
in preußischer Generalsuniform mit dem Band
des schwarzen Adlerordens. Wir empfingen ihn
in Gala, und er sprach einige freundliche Worte
mit Jedem. Unmittelbar darauf fuhr der Prinz
zum Kaiser.

Dann Abends noch in's Theater und zu
einigen Bekannten, um Adieu zu sagen, und um
zwölf Uhr ging es in vier vierspännigen Wagen
und einem Fourgon fort.

Es regnete und stürmte bei bitterlicher Kälte
die ersten achtundvierzig Stunden fast ununterbrochen. Das Land ist sehr traurig und öde.
Selten erblickt man Menschenwohnungen, meist
Wald und unbebaute Flächen. In der Post-
station ist für Unterkommen gesorgt.

Der voranseilende Feldjäger sorgte für Kaffee,
Thee und Diner, welches letztere aber erst Abends
sieben Uhr genommen wurde. Die Pferde standen überall bereit und wurden in zwei bis drei
Minuten angeschirrt. Dann ging's meist im Galopp
davon. Durchschnittlich werden zwei Meilen in
der Stunde gefahren, oft aber auch mehr.

Am dritten Tage wurde mein Wagen schadhaft und mußte zwei Stunden in die Schmiede. Ich setzte mich mit Heinz in das Coupé des Fourgons. Um den Prinzen einzuholen, wurden noch zwei Pferde Vorspann angelegt, und es ging in sausendem Galopp davon. Als wir aber an einen Querweg kamen, drehten die Spitzenpferde nach ihrem Heimathsdorf zu, der Jamschtschik konnte sie nicht halten, der Wagen drehte auf dem Abhang eines etwa sechs Fuß hohen Dammes und lag dann auch im nächsten Augenblicke mit den Rädern in die Höhe. Wir Alle kamen ohne wesentliche Beschädigung davon. „Semliaki!" (Landsleute!) riefen die Kutscher, und bald waren denn auch einige bärtige Russen bei der Hand, um den Wagen erst abzuladen, dann mit Stangen und Hebebäumen wieder aufzurichten, wieder zu beladen und anzuschirren. Die braven Burschen waren erfreut und verwundert, ihre Dienstleistung durch ein paar Rubel belohnt zu sehen.

Wir haben im Ganzen zweitausend Pferde in Bewegung gesetzt, um nach Warschau zu gelangen, wo wir Morgens drei Uhr anlangten und zu dieser unbequemen Zeit durch die Behörden in Gala empfangen wurden. Dann legten wir auf der Eisenbahn in vierundzwanzig Stunden noch einhundertzwanzig Meilen zurück. Ueberhaupt sind wir fünf Tage und sechs Nächte (mit Ausnahme von zwei Stunden Schlaf in Warschau) nicht aus den Kleidern gekommen.

Altenburg,
Pierer'sche Hofbuchdruckerei.
Stephan Geibel & Co.